LA PIERRE DE GAP

GEORGES DE MANTEYER

LA PIERRE DE GAP

DÉDIÉE A LA TERRE ET AU CIEL

(Deua Andarta, Deuos Loukos)

GAP

Louis JEAN & PEYROT, IMPRIMEURS-EDITEURS

1910

Extrait du Bulletin de la *Société d'Etudes*. 2' trimestre 1910. n° 34

Tiré à 200 exemplaires.

LA PIERRE DE GAP

(*Deua Andarta, Deuos Loukos*)

« Vers le 13 décembre » de l'an 14 avant J.-C., « aux approches du solstice d'hiver et sous les auspices des dieux qui assuraient la fécondité, Tibère, légat d'Auguste, fonda », sur le vieux site ombrien de *Vappincum* « un camp permanent destiné à une demi-cohorte pédestre d'auxiliaires, afin de maintenir dans l'obéissance les peuples récemment soumis ». Ces peuples, c'est-à-dire « les *Caturiges* (Embrun, Chorges), les *Avantici* (Avançon, Gap), les *Sogiontii* (bassin supérieur du Buëch), furent ainsi placés sous l'autorité du roi-préfet *Marcus Julius Cottius* et sous le protectorat de la métropole latine. Le choix du site de Gap était commandé par les convenances stratégiques : placé sur la voie cottienne, à proximité de la frontière, c'était là que convergeaient, vers la Durance, les directions prolongées de la Drôme et du Drac[1] ».

« Certes, les maisons de Gap ont été rebâties souvent depuis Auguste; mais les limites de leurs emplacements n'ont pas varié sensiblement et, quand on les rebâtit, leurs vieilles pierres dures se retrouvent, bonnes à servir encore, là où elles étaient tombées : sur les pentes glaciaires, d'excellents matériaux étaient descendus des sommets du Briançonnais, au-devant de l'homme[2] ».

Depuis que ces lignes furent écrites, M. Victor Perrot, ancien inspecteur des forêts, résidant à Gap, a bien voulu, le 27 juillet 1907, communiquer et même donner très gracieusement, à leur auteur, une pierre[3] qu'il possédait depuis plus d'un an : il l'avait recueillie et gardée ainsi, parce qu'il la jugeait pouvoir offrir un certain intérêt en raison des gravures dont elle lui paraissait couverte.

Quelques personnes cependant, consultées par lui, n'attachaient à ces gravures aucune importance et n'y voyaient que des essais insignifiants dus à une main d'enfant. Ce sera donc le mérite de M. Perrot d'avoir, malgré tout, conservé ce caillou singulier au lieu de l'avoir rejeté à la rue et on ne saurait trop lui en être reconnaissant.

M. Perrot tenait, lui-même, l'objet de l'ouvrier Adrien Benoît. Celui-ci, en 1905, avait été chargé de percer, au rez-de-chaussée, une entrée dans le mur de la maison appartenant jadis à M. Jouglard, imprimeur, et actuellement à M. Dastrevigne, de la Tourronde. La façade de cette maison donne sur la rue de l'Hôpital où elle porte le numéro 13[4]. Elle se trouve ainsi voisine du numéro 15, placé à l'angle de cette rue de l'Hôpital et de la rue Notre-Dame[5]. Par derrière, une faible partie de la maison Jouglard donne sur le cul-de-sac Tresbaudon et cette partie, au rez-de-chaussée, se trouvait aveugle : c'est là que le propriétaire actuel se détermina, en 1905, à faire percer une porte d'accès. De ce côté, sur le cul-de-sac Tresbaudon, la maison se voit à l'angle placé vis-à-vis du lavoir : n'y comportant pas d'ouverture au rez-de-chaussée, elle n'y était pas numérotée. Elle s'y trouvait entre la maison munie du numéro 1[6] et le derrière de la maison dont la façade, sur la rue Notre-Dame, porte le numéro 3[7]. Parmi les matériaux sortis du mur de la maison, qu'il fallait, la porte faite, enlever dans un tombereau et jeter hors de la ville aux décombres, Adrien Benoît remarqua la pierre gravée : il eut l'intelligence de la mettre de côté, dans la rue, où elle demeura quelque temps. Après quoi, il la signala et la remit à M. Perrot. Si jamais ce petit monument acquiert, malgré sa barbarie, quelque notoriété parmi les adeptes de l'histoire,

fig. 1

fig. 2

fig. 3

fig. 4

Phototypie Berthaud, Paris.   Clichés Hipp. Müller, Grenoble

le nom d'Adrien Benoît, comme celui de M. Perrot, devra rester lié avec lui.

Telle est la provenance de la pierre qu'il s'agit maintenant de décrire.

Présentée à M. David Martin, conservateur du Musée de Gap, le 2 septembre 1907, elle a été déterminée par lui comme étant un grès de flysch, notamment parce que, sur l'une de ses faces, se trouve englobé un petit éclat de schiste noir ; ce fait, très fréquent dans les bancs de grès de flysch, ne s'observe jamais dans le calcaire.

Les grès de flysch, d'un grain fin et très résistant, forment essentiellement les montagnes de l'Embrunais sur une aire très étendue : charriés de cette provenance, par les glaciers primitifs, leurs blocs plus ou moins réduits garnissent, dans les environs de Gap, toutes les moraines depuis Puymaure jusqu'à Bayard.

Celui-ci, qui peut peser de 10 à 11 kilogrammes, approchait naturellement de la forme théorique d'un parallélépipède rectangle ; quand il est dressé verticalement sur l'une de ses deux faces mineures, il mesure environ 380^{mm} de haut, au maximum, et 300^{mm} au minimum ; le rectangle de base mesure environ 150^{mm} de côté.

La patine superficielle, que la pierre avait prise naturellement au cours des âges, est d'une teinte jaunâtre ; cette patine se relève encore très nettement sur toutes les faces. Elle couvre presque entièrement l'une des deux faces horizontales ; sur l'autre, qui correspond parallèlement à la première, elle subsiste en partie ; mais, là, des coups de marteau relativement récents l'ont ébréchée quelque peu, sans réduire sensiblement la hauteur du caillou. Les brèches récentes font apparaître la teinte profonde de la pierre qui est noirâtre. De plus, un coup violent, porté sur cette face supérieure, en a détaché un éclat de 130^{mm} de hauteur sur 135^{mm} de large et 30^{mm} d'épaisseur. L'une des deux faces horizontales étant intacte, l'autre se trouvant endommagée, il est naturel d'en conclure que la face intacte a servi de base au monument quand il était dressé, ce qui l'a fait échapper aux coups. La face endommagée était la face

du sommet. Ce coup porté sur le sommet de la pierre,
quand elle était dressée sur sa base, date d'une époque déjà
ancienne : en effet, la teinte noirâtre et naturelle de la
profondeur, ainsi mise à nu, a eu le temps de disparaître
sous une apparence blanchâtre.

Enfin, dès avant l'époque où ce coup fut porté, les quatre
faces verticales de la pierre ont reçu des traits manuels plus
ou moins profonds, combinés de manière à former des
figures fort grossières qu'il convient d'interpréter. Quelques-uns de ces traits, très accusés, atteignent jusqu'à dix
millimètres de profondeur et quinze millimètres de largeur;
d'autres, presque imperceptibles, ont à peine un millimètre
de largeur et une profondeur moindre encore. Ces traits en
creux paraissent constituer le contour de certaines figures
dont la surface reste au niveau naturel de la pierre. Cependant, pour la plus développée de ces figures, les trois quarts
de sa surface ont été champlevés jusqu'à une profondeur
de dix millimètres au maximum, sans compter la profondeur des traits de son contour, qui, ainsi, s'ils mesurent
eux-mêmes cinq millimètres de profondeur, portent la profondeur totale de la figure, du côté champlevé de sa surface,
jusqu'à quinze millimètres. De cette conception résulte,
pour la surface, un effet de relief qui, combiné avec le jeu
des ombres portées sur les traits du contour, augmente
sensiblement la valeur du travail.

Étant donnée la dureté de la pierre, le graveur a dû
passer de longues heures à produire son œuvre. Il semble
que le champlevé des surfaces ait été obtenu en frappant de
nombreux coups de pointe, produisant des éclats d'un diamètre de 1^{mm} à peine chacun. Quant aux traits, ils paraissent produits par la répétition du va-et-vient d'un ciseau
dont le tranchant se profilait sur un angle approchant de
90°. L'amplitude de ce profil du tranchant coïncide avec
l'amplitude ordinaire des traits ainsi creusés : toutefois,
quand l'artiste a jugé devoir appuyer particulièrement sur
l'un d'eux, alors le profil du trait, d'angulaire, devient
convexe. Tout ce travail de gravure a fait disparaître, bien
entendu, là où il a porté, la patine jaunâtre et naturelle du

galet : il a produit immédiatement une meurtrissure blanchâtre. Cette meurtrissure est plus uniforme et plus profonde que le voile sous lequel a disparu le ton noir de la
pierre dans le périmètre de la grande cassure ancienne. Le
temps a produit, sur le ton de cette meurtrissure immé-
diate, les atténuations que lui seul peut apporter.

Prié, le 20 septembre 1907, d'étudier ces gravures et de
dire avec quels instruments elles ont pu être obtenues,
M. Hippolyte Müller, bibliothécaire de l'école de médecine
et de pharmacie de Grenoble, a fait personnellement avec
la plus consciencieuse obligeance, toutes les recherches
nécessaires que lui seul, dans la région, était à même de
faire, pour déterminer si le graveur a eu à sa disposition
des outils en pierre, des outils en bronze ou des outils
en fer.

Voici la note technique où il a bien voulu fixer ses constatations, à la date du 14 mars 1908.

ESSAIS DE GRAVURE

avec Ciseaux métalliques

FAITS SUR UN BLOC DE GRÈS DU FLYSCH DES ENVIRONS DE GAP

« M. de Manteyer m'ayant expédié un bloc de grès du
flysch, semblable comme texture et dureté au bloc gravé
trouvé à Gap, j'ai voulu me rendre compte du procédé
employé et des outils mis en usage par l'artisan de la pierre
de Gap[8].

Premier Essai

Ayant allié 90 grammes de cuivre pur et 10 grammes
d'étain fin, j'ai coulé le bronze obtenu par fusion.

1° Un des lingots obtenus, coupé en deux, a été employé
directement[9], j'ai frappé sur ce ciseau informe à l'aide d'un
marteau ; après 200 coups, j'ai constaté que le ciseau avait
ses deux extrémités fortement refoulées et que la pierre
était à peine entamée[10].

2° Ayant fortement *martelé* un des lingots de bronze[11],
j'ai pu constater que la partie ainsi durcie ravait très facile-

ment le même bronze non martelé. Avec le même nombre de coups, j'ai obtenu une empreinte plus forte que dans le premier essai[12].

3º Un ciseau *martelé*, du même bronze[13] a été étamé à chaud dans de l'étain fondu. Ce procédé durcit fortement le bronze, l'étain est pour ainsi dire aspiré par le métal chauffé au rouge. Ce bronze arrive à être assez dur pour rayer le même métal martelé, mais il devient cassant. Avec ce ciseau ainsi préparé, j'ai pu entamer le grès un peu plus fortement qu'avec les ciseaux précédents[14]; mais, lorsque la partie durcie eut disparu, l'effet devint nul.

Du reste, pour ces trois ciseaux, le résultat obtenu vient plutôt de l'écrasement des grains du grès, de sa mise en poussière et de l'action de cette poussière elle-même que de la valeur de l'outil.

J'en conclus que les gravures creusées dans l'antiquité sur la pierre de Gap, n'ont pu être obtenues avec du bronze, par conséquent il faut venir à l'âge du fer, et probablement dans sa deuxième moitié, à partir du quatrième ou du cinquième siècle avant Jules César, pour placer ce travail.

Comme l'ont soutenu de nombreux archéologues, les armes de fer gauloises étaient probablement non pas de fer ordinaire, mais de fer aciéreux ou plutôt d'acier doux. En tenant compte des relations précoces des populations du bassin Durantien avec les colonies grecques au sud, par voie fluviale, et l'Etrurie au nord par les cols alpins, on peut être autorisé à y reporter l'emploi des outils et des armes de fer quelques lustres plus tôt que dans le haut bassin Rhodanien. On peut aussi invoquer, pour l'explication des figures gravées sur la pierre de Gap, l'imitation de types archaïques méditerranéens orientaux.

Il est plausible encore de croire que nos populations montagnardes, sur les deux versants alpins, aient su assez tôt, par empirisme, reconnaître les minerais de fer pouvant leur donner un métal prenant, à la trempe, un certain durcissement. Il faut se souvenir que toutes les premières fonderies traitaient le minerai au charbon de bois, ce qui est avec la soufflerie une condition favorable pour obtenir un acier naturel.

C'est en raison de ces arguments que j'ai employé des burins en acier doux *dit au bois*, et en acier corroyé (acier cémenté). M'étant procuré des barrettes de ces deux aciers, je les ai chauffées au charbon de bois et forgées en broches. Après en avoir trempé les pointes et les avoir fait *revenir* presque *au bleu*, conditions nécessaires pour avoir des broches qui ne s'épointent pas, surtout sur une pierre dure, j'ai commencé à tracer la lettre D[15] avec la broche[16]; le pointillé 11 et le granité dans la lettre D ont été obtenus avec le même outil.

La lettre D, le trait voisin digité ainsi que le creux qui

acier corroyé
acier doux
13 bronze martelé
12 bronze coulé
14
bronze avec tranchant étamé
à chaud

Pl. II

fig. 16
fig. 15
fig. 13
fig. 12
fig. 14
fig. 2
fig. 1
fig. 17
fig. 3
fig. 4
fig. 6
fig. 4
fig. 5
fig. 7
fig. 8
fig. 6
fig. 9
fig. 10

est sous le D et le trait digité ont été obtenus en 30 minutes avec, au cours de l'opération, un léger affûtage de la broche.

Le creux maxima du D et celui du trait qui est à sa base ont respectivement 6^{mm} de profondeur.

La lettre D a 56^{mm} de longueur.

Le granité [17]. avec la deuxième broche, en acier doux, à peu près neuve, a demandé 15 minutes.

Le creux 6^{18}. avec la première broche en acier doux a demandé 40 minutes avec deux affûtages.

Longueur du trait principal, 85^{mm}.

Profondeur maximum, 7^{mm}.

Le résultat obtenu imite très bien, en plus frais, celui de la pierre de Gap.

En 10^{19}, le pointillé et en 8^{20} le granité ont été obtenus avec la broche 16^{21} ; la lettre C de 68^{mm} de longueur et de 7^{mm} de creux maximum, a été obtenue en 25 minutes (pointillé et granité compris) avec la broche 16, qui est en acier corroyé.

Avec cet acier, le travail se fait mieux ; l'acier est plus dur, c'est pourquoi j'ai préféré prolonger l'expérience sur la figure 6 avec l'acier doux [22].

Lorsque la broche est éméchée, le métal refoule légèrement ; aussi. à dire vrai, il y a plutôt écrasement de la roche sous le choc du burin qu'enlèvement d'éclats.

En 9^{23}. un essai de planage fait avec un ciseau plat en *acier fondu* en 4 minutes.

En 7^{24}, un trait fin de 85^{mm} de longueur, fait avec une broche neuve en acier fondu en 3 minutes.

Conclusions

En me plaçant exclusivement au point de vue expérimental. je crois qu'il ne faut pas faire remonter les dessins obtenus sur la pierre de Gap, à plus de trois ou quatre siècles avant César.

Il me paraît impossible de penser au bronze pour produire les gravures de la pierre de Gap.

Il me paraît absolument logique de prétendre que ce travail a été fait à Gap ou, en tous cas. dans la région gapençaise ; la roche employée y est très abondante.

Je ne crois pas que les gravures de la pierre de Gap aient été faites avec du silex ou une autre roche dure, soit par martelage. soit par raclage [25] (voir en 17 un essai de deux ou trois minutes fait au silex) [26].

« La pierre de Gap, porte, atténuées au cours des siècles,
les traces du ciseau, du burin qui en a creusé les dessins ;
on peut y voir encore, par places, les stries produites par
l'outil que chassait le marteau ».

Adoptant ces conclusions de M. Müller, il en résulte que
la gravure de la pierre a été obtenue avec des outils en
acier doux ou acier naturel, tels qu'ils pouvaient provenir
des premières fonderies traitant au charbon de bois le minerai de fer.

Ainsi, en raison de la matière des outils, le monument
ne peut pas remonter au-delà de l'âge du fer : il est même
difficile que le monument puisse remonter à l'époque la
plus ancienne de cet âge[27].

Procédant à l'examen des figures, ainsi gravées sur les
quatre faces verticales de la pierre, et débutant par celle qui
paraît être la plus développée[28], on note qu'elle mesure
285^{mm} de haut sur 115^{mm} de large au maximum. Ce qu'on
y distingue de plus net, au premier abord, est un grand
arc en accolade, placé en haut et à dextre, sur lequel le
graveur a très fortement appuyé : il mesure 170^{mm} de haut.
Le trait y atteint jusqu'à 14^{mm} de largeur et 7^{mm} de profondeur.

En arrière de cet arc isolé, à senestre, tout le surplus des
traits paraît composer une figure dont une bonne partie est
champlevée du côté de l'arc. Malgré la barbarie du procédé, barbarie telle que les extrémités de la figure, notamment les extrémités inférieures, se perdent d'une manière
confuse, quand elles ne sont pas traitées d'une manière
que leur disproportion rend très inattendue, on peut noter
une précision plus satisfaisante sur la partie centrale et
médiane de la figure. Il y a là le tracé fort net d'une figure
humaine debout, nue et vue de face : le ventre est déterminé, en haut, par le pli inférieur et plus ou moins rectili-
gne du thorax ; en bas, par le pli plus ou moins curviligne
de l'aine ; en son centre, par le nombril. Au-dessous du

ventre, le départ des jambes, toujours de face, est également fort net jusqu'aux genoux. Il semble qu'il y ait eu tendance à exprimer, par un détail analogue à celui du nombril, le sexe féminin. Au-dessous des genoux, la jambe gauche se perd entièrement dans le vide : quant à la jambe droite, après l'avoir perdue, il semble que le graveur ait voulu s'appliquer cependant à exprimer le pied : embarrassé par la traduction des détails de ce membre, il l'a grossi démesurément, comme s'il l'avait vu à la loupe. Tandis que les jambes ont 5^{mm} de large chacune, ce pied en mesure le double et on n'y distingue que trois doigts : le reste se perd et le graveur a renoncé à en venir à bout. Au-dessus du ventre, la poitrine est encore figurée de face, mais plus maladroitement que le ventre. Le graveur a voulu figurer le pli vertical qui sépare les seins : il semble même avoir laissé un certain relief pour les seins, notamment pour le sein droit, qui est du côté champlevé de la figure. Il a renoncé complètement, par contre, à tracer les bras : tout au plus pourrait-on reconnaître un désir de figurer la main gauche, pendante en dehors, à côté de la cuisse. Embarrassé pour traiter la tête, presque autant que pour les bras et les jambes, il l'a figurée non plus de face, mais de profil et tournée à dextre. Cette tête se termine très vaguement en pointe, au sommet, et la courbe du front est très puissamment indiquée. Le trait y a jusqu'à 1^{mm} de profondeur pour 1^{mm} de largeur. Ce profil étrange figure un museau bestial beaucoup mieux qu'une face humaine.

Passant à la face suivante du monument[20] vers la gauche du spectateur, c'est-à-dire à dextre de la face précédente, on observe que l'éclat ancien, précédemment constaté, en a enlevé près de la moitié à la partie supérieure. Subsistent, vers senestre, une dizaine de traits en arête de poisson, formant deux séries adossées et penchées en sens contraire l'une de l'autre. Cet ensemble figurerait assez bien un arbre quelconque, spécialement de la famille des conifères, à condition que le graveur ait oublié d'en figurer le pied. A dextre, une demi-douzaine de traits horizontaux dont la

signification échappe. Ces deux groupes remplissent la face
à mi-hauteur : le bas de cette face est vide de toute image
et, s'il en était par symétrie de même en haut, l'éclat qui a
fait disparaître la partie supérieure, n'aurait ainsi enlevé
aucune figure.

Passant à la face qui suit[1] vers la gauche du spectateur,
c'est-à-dire à dextre de la face précédente, on y constate la
présence d'une figure mesurant 200^{mm} de haut sur 100^{mm}
de large au maximum.

C'est une figure humaine debout : à première vue, il
semble que le corps est représenté de profil à dextre, le
buste assez étroit, limité par le cou et par l'aine, et,
au-dessous du buste, la cuisse, dont la hanche déborde sur
un jarret dont le mollet convexe est fortement indiqué. Le
pied est indistinct : mais le sol, sur lequel repose le person-
sonnage, est figuré par un trait horizontal, tracé au ciseau,
de 75^{mm} de long sur 6^{mm} de large. L'attribut du sexe viril
est d'un relief très apparent.

A la réflexion, on remarque que le trait, destiné à figurer
le sol, déborde à dextre, d'au moins 20^{mm}, le profil du
corps ainsi compris : au dessus de ce trait horizontal
débordant, figurent d'autres traits verticaux, plus ou
moins profonds, qui se prolongent jusqu'à la hauteur
de l'épaule. Quelques cassures, plus ou moins récentes,
ont malheureusement ébréché la surface comprise entre
ces traits verticaux et la partie déjà décrite du corps,
à senestre. Ces constatations doivent faire penser que
le graveur a représenté le corps humain debout et de
face : les cassures ont ébréché la cuisse droite et la partie
droite de la poitrine. Il ne subsiste que la partie inférieure
de la jambe droite. Ainsi, le creux de l'estomac se trouve
marqué par un sillon très profond de 8^{mm}, tandis que le
contour débordant des hanches, à la différence de la poitrine et des mollets, se trouve cerné d'un trait à peine
indiqué.

L'entre-deux des cuisses est également, comme les
mollets et la poitrine, marqué de sillons profonds, au
milieu desquels ressort le relief aigu du membre viril.

Les bras ne sont probablement pas figurés : mais, à hauteur de l'épaule, surgit une lance dont la direction offensive forme un angle de 10 degrés au-dessus de l'horizontale[31].

Reste à parler de la tête du personnage : cette tête est certainement de profil. Il est absolument impossible d'y reconnaître une physionomie humaine et, d'autre part, elle est totalement différente du museau animal qui surmonte le personnage de la face opposée à celle-ci. Cette tête est caractérisée par un bec convexe et puissant, tel que, seuls, en portent les oiseaux de proie.

On arrive, en terminant, toujours à dextre, à la dernière face gravée de la pierre[32]. Sur cette face, se trouvent, l'un au-dessus de l'autre, dressés deux traits sinueux. Dans celui du bas, il semble qu'il soit possible de reconnaître le manche en bois d'une hache dont le profil, notamment le tranchant, tourné à senestre, est figuré assez nettement. Le manche mesure 105^{mm} de haut ; la hache, emmanchée exactement au-dessus de la mi-hauteur du manche, mesure 52^{mm} de long sur 20^{mm} de large. Il est plus difficile d'interpréter le manche sinueux placé au-dessus de la hache : son sommet parait former une masse et ainsi pourrait-on y reconnaître un casse-tête.

Les quatre faces verticales de la pierre portent donc la gravure barbare d'un couple, femelle et mâle. d'individus figurés debout, nus, le corps de face, la tête de profil ; armés de l'arc et de la lance, dans l'attitude du combat. Le corps est humain ; le masque est animal.

Pour l'individu de sexe féminin, ce masque est celui d'un mammifère carnassier ; pour celui de sexe masculin, d'un oiseau rapace. L'individu de sexe féminin est de plus grande taille que l'autre : le graveur semble l'avoir traité avec plus de soin et de détails.

La technique de la main, qui a tracé ces gravures, est à résumer. Les figures ne se détachent pas en saillie au-dessus du champ préparé de la pierre : leur contour est simplement limité par des traits, creusés plus ou moins profondément suivant que le graveur veut projeter sur les parties de ce contour une ombre plus ou moins forte. C'est ainsi qu'il simule le relief autour de la surface plate des figures ; une seule fois, trouvant ce procédé insuffisant, il a champlevé tout un côté de la surface, pour la figure qu'il tenait à faire mieux ressortir. Sur le retrait de ce champlevé, il a ménagé alors quelques reliefs partiels ; ces reliefs sont ainsi en creux par rapport au champ naturel de la pierre : ils ne sont réellement en relief que par rapport aux traits, plus profonds encore, du contour de la figure.

L'observation la plus exacte du graveur a porté sur la partie centrale des corps qu'il cherchait à figurer ; il s'est senti incapable de tracer les extrémités de ces corps et, quand il a tenu à le faire, il les a faites démesurées faute de pouvoir exprimer, en grandeur voulue, les détails compliqués de ces extrémités.

Ainsi, tandis que la matière des outils, employés par le graveur, empêche de faire remonter cette œuvre à l'époque primitive de l'âge du fer, d'autre part, la technique profondément et naïvement barbare, de l'homme qui tenait ces outils, empêche de l'attribuer à une main romaine.

Après avoir déterminé quelles sont les figures ainsi gravées, il reste à savoir si on en connaît ailleurs d'analogues ; puis à en rechercher la signification, ce qui permettra, sans doute, de dater plus exactement ce monument, d'en saisir la raison d'être et tout l'intérêt.

Il faut bien constater que ce monument diffère, soit comme type, soit comme technique, de toutes les figures humaines, sculptées ou gravées, trouvées jusqu'à présent sur le sol de la France et actuellement connues.

Dès les temps préhistoriques, pour la période de la pierre taillée, on connaît quelques sculptures et quelques gravures au trait, de l'époque magdalénienne, représentant le corps humain[1] : les hommes et les femmes, alors, étaient encore figurés nus.

A la période de la pierre polie qui suivit, pour l'époque robenhausienne, on a conservé quelques gravures en relief du corps humain, de style beaucoup plus barbare que celles de l'époque magdalénienne[2]. Dès cette période, les

hommes et les femmes commencent à paraître vêtus, tout
au moins en partie. Pour l'âge du bronze, l'époque barnaulienne a livré, dans ces palafittes, quelques statuettes
sommaires en terre cuite mais pas de gravures[*]. Pour
l'âge du fer, dans le sud-est, avant l'époque romaine, on a
trouvé, près d'Aix-en-Provence, trois blocs portant un
cavalier et des têtes coupées[*] : ces figures sont en relief
et on ne sait trop s'il faut les attribuer à la période ligure
ou à la période celtique : elles ne peuvent guère remonter à
la période ombrienne. Les trois stèles découvertes à Panossas[*], localité, du département actuel de l'Isère qui se
trouvait dans le diocèse ancien de Vienne, présentent des
individus nus, de face, debout, un bras levé et l'autre pendant. Sur la première, sont deux hommes ; sur la deuxième,
un homme entre un serpent et un quadrupède, peut-être
un ours ; sur la troisième, un homme avec une roue à dix
rayons et un quadrupède. Le contour des personnages est
champlevé sur un espace plus ou moins grand en dehors
de leurs corps, de sorte que la surface des corps se présente
en relief sur ce champlevé extérieur. Ces trois monuments
pourraient être préromains ; mais, s'ils sont gallo-romains,
forcément, en raison de leur barbarie, on doit les attribuer
à une main gauloise plutôt qu'à une main romaine. Enfin,
pour citer un monument d'où toute représentation humaine
est absente, on a trouvé, à l'extrémité de l'ancien diocèse
de Fréjus, à Montfort-sur-Argens, au lieu dit de Robernier[*], une stèle dont la partie supérieure, à la face principale, porte une petite sphère, entourée de six circonférences
concentriques, et la partie inférieure, un quadrupède de
grande taille ; entre ces deux objets, un autre petit quadrupède et une croix gammée garnissent la zone intermédiaire. Sur cette face principale, les objets ont cela de particulier que toute leur surface est gravée entièrement en
champlevé, c'est-à-dire en creux. Sur la face latérale,
d'autres figures sont gravées simplement au trait, procédé
primitif qui, naturellement, demeure et demeurera toujours en usage pour les gens pressés ou peu habiles, économes de leur temps ou de leur argent et faciles à contenter[*].

En dehors de la technique, ce qui fait la particularité du monument de Gap, c'est que le corps humain y porte une tête d'animal et, ainsi, les deux personnages, qui y sont gravés, ne sont ni des hommes ni des bêtes, ayant pu vivre et mourir communément sur cette terre. Ces êtres conservent, à l'âge du fer, la nudité primitive de l'homme ; ce sont des dieux.

On est d'accord que les hommes adorèrent d'abord les apparences les plus frappantes de la nature qui les environnait, c'est-à-dire la terre et le ciel, l'astre du jour, ceux de la nuit, les organes de la fécondité et, sur la terre comme dans le ciel, les animaux les plus redoutables, les plus singuliers, les plus utiles qui s'y mouvaient [40]. En conséquence, parmi les quadrupèdes qui marchaient sur la terre et parmi les oiseaux qui volaient dans le ciel, les deux animaux, appelés par les circonstances à attirer plus que tout autre l'attention, en arrivèrent à incarner, pour chaque peuple, les puissances de la terre et du ciel.

Dès le début de leur histoire, les Sémites avaient voué un culte particulier aux astres : mais les Juifs, à l'époque du Christ, conservaient l'habitude de jurer par le ciel et la terre [41].

Au IVᵉ siècle avant J.-C., les Celtes, s'alliant avec Alexandre, jurent par le ciel, la terre et la mer [42]. En Irlande, les poètes font jurer leurs héros, tantôt comme le roi Conchobar, par le ciel, la terre et la mer ; tantôt, comme Sualtam, par le ciel, la mer et la terre [43]. Il va de soi que les peuples terriens prenaient garde, avant tout, à la terre, tandis que les peuples maritimes étaient sollicités, en premier lieu, par la mer.

Pour les Chaldéens, l'eau dominait la terre ; aussi, le dieu suprême de la terre s'incarne-t-il dans un poisson [44]. Mais il est important de noter que leur triade suprême Anou, Bel et Ea était issue d'un couple antérieur : Anchar, élément mâle symbolisant la totalité des choses célestes et Kichar, élément femelle, symbolisant celle des choses terrestres [45]. Chez les Égyptiens, le culte primitif s'adressait à Sib, le sol de la terre, et à Nout, la voûte du ciel ; plus tard le soleil,

l'œil du ciel, s'incarna successivement sous la forme d'un
épervier, d'un lion et d'un taureau [16]. Pour l'épervier, cela
se comprend de suite ; mais il faut expliquer pourquoi deux
quadrupèdes ont pu, aussi bien qu'un oiseau, le représenter également. L'épervier figure le soleil culminant de
midi, quand il est au plus haut du ciel. Le lion figure le
soleil à l'horizon, quand il semble en contact avec la terre ;
enfin, le taureau figure le soleil pendant la nuit, quand il
se dérobe, aux yeux, sous la terre. Ainsi ces incarnations
se comprennent. D'après les traditions, ce fut Kakéou le
second roi de la deuxième dynastie, vers le XLIIe siècle
avant J.-C. lequel proclama dieu le taureau en qui le
soleil s'incarnait dès lors sur la terre d'Egypte, soit à
Memphis soit à Héliopolis [17]. C'est un autre roi des premiers temps qui, près de Memphis, sur le plateau de la
chaîne Libyque, fit tailler un grand sphinx, symbole du
soleil levant [18]. Mais l'épervier doit représenter l'incarnation
primitive du dieu céleste d'Egypte : par conséquent elle
remonte au moins au début des dynasties connues qui
date du XLVe siècle avant le Christ. Les Egyptiens ont,
d'ailleurs, représenté ce dieu de quatre manières différen-
tes ; soit sous la figure naturelle d'un épervier, soit sous la
figure monstrueuse d'un corps d'épervier à tête humaine,
soit sous celle d'un corps humain à tête d'épervier ; soit
sous la figure naturelle d'un corps humain [19]. De même,
le scarabée incarnait Phtah ; l'ibis, Thot ; le chacal, Anu-
bis [20] ; la lionne, Sekhet [21].

Chez les Grecs, le dieu du ciel était Zeus ; la déesse de la
terre était Héra. Dans l'Iliade, elle est qualifiée Héra au
visage de vache [22] : aussi, dans les ruines de la ville
achéenne de Mycènes, placée, comme Argos et Sparte, sous
la protection de cette déesse et détruite par l'invasion
dorienne vers le XIIe siècle avant J.-C., Schliemann a
trouvé des centaines d'exemplaires plus ou moins brisés
d'idoles, de terre cuite, en forme de vache. Il y a également
trouvé cinquante-six têtes de vache en or, une tête de vache
d'argent avec des cornes d'or et plusieurs têtes de vache
gravées sur des gemmes [23]. Dans les ruines de la ville

également achéenne de Tirynthe détruite à la même époque. Schliemann a trouvé onze de ces idoles en forme de
vache [*]. D'autres que lui en ont trouvé dans les tombes
antiques de Nauplie, dans les tombes de Jalysos. Trois
vaches de ce genre proviennent des couches les plus inférieures de l'acropole d'Athènes [**]. Schliemann observe donc
que l'usage général, au XIIe siècle avant J.-C., était encore
de représenter la déesse de la terre sous la figure d'une
vache [***]. A l'époque, où le texte de l'Iliade fut composé sous
la forme qui subsiste, on la représentait déjà sous l'aspect
humain avec une tête de vache ; ou bien, en tout cas, si
cet usage intermédiaire avait déjà disparu de la pratique et
si on la représentait, comme le pense Schliemann, sous les
traits complets d'un être humain, la poésie gardait l'habitude traditionnelle d'invoquer la statue humaine à tête
animale.

Dans ses fouilles de Troie, Schliemann a rencontré des
centaines d'idoles féminines et de figures féminines à tête
de chouette : il a pensé, avec juste raison, que ces idoles
représentaient forcément une déesse et que cette déesse
était Pallas Athéné, la protectrice de Troie [****].

En effet, pour Homère, la déesse au visage de chouette,
c'est Athéné [*****]. Les plus anciennes sculptures grecques, qui
aient été trouvées en Gaule, sont l'Aphrodite de Marseille,
en marbre de Paros, qui est un ouvrage ionien du VIe
siècle avant J.-C. [******] : cette déesse est sous la forme humaine.
L'animal, en qui elle s'incarnait, est réduit désormais au
rôle d'attribut : elle porte, à la main, une colombe. Dans
cette idole, on reconnaît aisément une réplique de la déesse
d'Ascalon, Aphrodite Ourania apportant en Grèce la blanche colombe, dont le culte avait été particulièrement répandu du XVIe au XIe siècle avant le Christ par la ville
phénicienne de Sidon [*******]. A Marseille également, furent trou-
vés plusieurs édicules, du VIe siècle avant J.-C., en calcaire gris des environs, dans lesquels figure le simulacre
de Cybèle en relief. Cette déesse y revêt elle aussi la forme
humaine [********]. Ainsi, dès avant le VIe siècle, les Grecs figu-
raient habituellement leurs dieux sous la forme purement
humaine.

Par contre, la statue de Noves, dans les Bouches-du-Rhône, représente encore un dieu sous la forme entièrement animale : c'est l'ours mâle qui dévore un homme [62]. Il est difficile de dater ce simulacre : toutefois, le type de l'homme permet de penser qu'il est préromain : Orgon n'est pas loin de Noves et peut avoir conservé le nom du dieu.

Quand les romains se mirent à figurer, dans des temples, leurs dieux sous la forme humaine, ils gardèrent toutefois l'habitude de les porter à la guerre sous la figure des animaux qui incarnaient chacune de ces puissances protectrices. Suivant l'ordre de préséance établi, c'étaient l'aigle, le loup, le taureau, le cheval et le sanglier : pour le taureau, par exception, la forme purement animale des temps primitifs avait fait place au minotaure, c'est-à-dire au taureau à face humaine ou bien au corps humain à face de taureau. On sait que l'aigle est l'oiseau de Jupiter, le dieu du ciel ; quant à la louve, il ne serait pas impossible que cette nourrice de Romulus eût symbolisé au début, dans le Palatium, une déesse de la terre féconde et nourricière. En l'an 104 avant J.-C., C. Marius, revêtu de son second consulat et réorganisant l'armée qui allait bientôt avoir à combattre les barbares en Gaule, supprima les quatre dernières enseignes. L'aigle, seul, subsista dans le monde comme guide divin à la tête des armées romaines [63], tandis que la statue en bronze de la louve protégeait le Sénat dans Rome. Ces deux égides illustres ont eu la fortune de survivre jusqu'à maintenant entre les mains des héritiers plus ou moins éloignés du nom de Rome : la louve demeure au Capitole et l'aigle symbolise toujours, en Europe, l'empire du monde.

Les Celtes arrivèrent, comme les Grecs et les Romains, à représenter leurs dieux sous la forme humaine. Il en est ainsi du dieu omniscient qui présidait à tous les arts connus des hommes et que les Irlandais appelaient Lug [64] : C'était celui auquel allaient surtout les hommages. César l'assimile au Mercure romain et le distingue de Jupiter [65]. Le Jupiter des Gaulois, sans doute *Belenos*, avait dû naître du Lug ou *Camulos* celtique primitif, comme le Jupiter romain de Saturne et le *Zeus* grec de *Chronos* ou *Ouranos*. En raison du rang prééminent de Lug, il n'est donc pas défendu de voir en lui le premier dieu celtique du ciel.

En dehors des dieux représentés sous la forme humaine, les Celtes en adoraient sous la forme animale.

Tandis que, pour les Grecs, *Athéné*, fille de *Zeus*, était la déesse au visage de chouette, la déesse de la guerre en Irlande, Badb, ordinairement invisible, se manifestait sous l'aspect d'une corneille [66]. *Athéné*, par son père, était une déesse céleste : sans doute en était-il de même de Badb.

Les Gaulois adoraient également, comme les romains, le loup [67], le taureau [68], le cheval [69] et le sanglier [70] : mais, plus que ces quatre divinités animales, ils vénéraient l'ours [71]. A Rome, aujourd'hui, une louve vivante est gardée sur les pentes du Capitole : son étroite cage à barreaux de fer — temple fort réduit — voisine avec le musée où trône la louve antique de bronze. A Berne, ce sont des ours qui vivent dans une fosse de pierre, près de l'Aar. Ces dieux de la Suisse, déchus mais bien nourris, rappellent une statue de déesse trouvée près de là [72]. Le bronze, dont il s'agit, représente cette divinité sous la forme humaine, accompagnée d'une ourse, sa primitive incarnation, réduite au rôle d'accessoire. Comme si ce groupe n'eût pas été assez clair par lui-même, l'artiste qui le produisit, ou le dévot qui l'acquit, eut soin d'y placer une dédicace *Deae Artioni* : les maîtres de l'archéologie peuvent ainsi, sans trop de peine, y reconnaître une représentation de la déesse ourse. C'était la déesse par excellence des Celtes : à tel point que le nom de l'ours, *art*, en vieil irlandais, était devenu le synonyme de *dia*, dieu [73]. Hors d'Irlande, cette synonymie se produisit également chez les Voconces. En effet leur ville capitale Die, *Dea*, désigne, cela est sûr, la déesse ourse. Il suffit pour s'en convaincre, de savoir qu'ils vénéraient la grande ourse comme déesse [74]. En résumé, les hommes, ayant adoré d'abord la terre et le ciel, se les représentèrent, comme un couple femelle et mâle, sous les apparences animales qui les frappaient de plus

près. En Egypte, la lionne représentait la terre et l'épervier
le ciel ; en Grèce, la vache représentait la terre et l'aigle le
ciel ; à Rome la louve représentait la terre, nourrice de
Romulus, et l'aigle, le ciel. Puisque, dans le monde celtique, tout au moins en Irlande et chez les Voconces, les
deux divinités principales sont *Lugos* et *Andarta* ; il sera
logique de reconnaître, dans ce couple, la figuration du
ciel et de la terre. La grande terre, qui porte les hommes,
est représentée, non par la lionne que les Celtes ignorent,
ni par la louve qui courait les bois des monts Albains,
mais par l'ourse, c'est-à-dire par l'animal le plus redouta-
ble de leurs forêts. Quant au ciel lumineux, il convient de
déterminer quel animal le figure : ce sera, sans doute, l'oiseau qui aura frappé plus que tout autre la vue et l'imagi-
nation des Celtes.

En Grèce, on le sait, Zeus fut adoré dans un bois de
chênes, à Dodone, et représenté par l'aigle. Les bois paraissent avoir été dédiés au ciel[75]. Il semblerait singulier que
l'on ait pu localiser le dieu du jour sous les voûtes obscures
des forêts ; ces profondeurs, impénétrables à la lumière, ne
pouvaient rappeler que la nuit. En réalité, les hommes
adoraient la lumière du jour dans les clairières des futaies :
le *lucus*, ou bois sacré, c'est à proprement parler la clairière
du bois. ce n'est pas le bois lui-même et c'est dans la clairière que parait la lumière, *lux*. Malgré la dissimilation
portant sur la quantité de la voyelle tonique, il est impossible de ne pas noter l'analogie du mot latin *lucus*, groupé
avec *lux*, lumière, et du nom porté par le principal dieu
des Celtes, *Lugos,* répondant sans doute au primitif
loukos. lumière[76].

En dehors de cette analogie, il est permis de penser que
le dieu celtique du ciel, *Lugos*, fêté en Irlande le 1er août[77],
fut adoré dans les clairières des bois[78] comme Jupiter à
Dodone. Puisque le corbeau tient, chez les Celtes, la place
occupée. chez les Grecs et les Romains, par l'aigle[79], on
peut penser aussi que le dieu celtique du ciel, *Lugos*, s'incarnait dans le corbeau, oiseau loquace et attentif qui
passait pour prédire l'avenir.

Ce n'est donc pas tout à fait sans cause que le traité apocryphe *De fluviis*, d'après le livre 13ᵉ des *Ktiseis* ou « Fondations » du Rhodien Clitophon, attribue au corbeau le nom de *lougos*[30]. L'auteur, la date et la provenance de ce texte *De fluviis* sont parfaitement inconnus ; l'essentiel est qu'il existe. Quand bien même le corbeau n'aurait jamais porté, en gaulois, le nom de *lougos*[31], il faudrait convenir que l'auteur, de ce texte de basse époque, lui a attribué ce nom, parce que la tradition en faisait le nom du dieu *Lugos*. Dès l'antiquité, le corbeau figure, comme emblème, sur les monuments de Lyon[32] : or, *Lugodunon* était le château du dieu *Lugos*[33].

M. l'abbé Devaux et M. d'Arbois de Jubainville ont signalé un fait très remarquable dont ils n'ont pas fait ressortir toute la signification[34]. Sur le territoire du peuple des *Segusiavi*, existaient à la fois deux localités d'origine celtique, fortifiées et mises sous une protection divine. C'étaient *Artodunon*, [ou plutôt *Artadunon*], et *Lugodunon* : la première de ces forteresses, aujourd'hui Arthun[35], se trouve vers la limite occidentale des Segusiaves ; la seconde, Lyon, se trouve vers leur limite orientale, sur le Rhône. Entre ces deux forts, le site, qui sera choisi pour le marché de Feurs et dédié à la déesse de ce peuple, la *Dea Segeta* se trouvait protégé à l'est par le dieu du ciel, *Lugos*, et, à l'ouest, par la déesse de la terre, *Arta*.

D'une manière analogue, il semble que Lion et Arteon, dans les Basses-Pyrénées, indiquent l'existence ancienne, chez les *Tarbelli*, d'un *Lugodunon* et d'un *Artadunon*[36], de même, Loudun et Arthon chez les *Pictones*[37]. Artonne et Lyonne sont sur le terroir des Arvernes[38]. Il y a un Arthon chez les *Bituriges*[39] ; un Lyon, chez les *Santones*[90] ; un Lauzun, chez les *Nitiobriges*[91] ; un Montlauzun chez les *Cadurci*[92] ; un Ladon, un Laons et des Lion, chez les *Carnutes*[93] ; un Loudon, chez les *Cenomanni*[94] ; un Lion, chez les *Andes*[95] ; un Arthon, chez les *Senones*[96] ; une Artonne, chez les *Aedui*[97] ; un Lyon, chez les *Tricasses*[98] ; un Laon chez les *Remi*[99].

Ces constatations, faites au premier coup d'œil, invitent

à regarder de près la carte des circonscriptions comprises,
au sud-est, entre le Rhône et les Alpes.

Dans l'ancien diocèse de Nimes, au nord-est Lédenon[100].
Dans l'ancien diocèse d'Arles, Laudun, sur la rive droite
du Rhône, se trouve à la frontière nord-ouest, comme le
Grau d'Orgon, sur la mer, au sud-ouest[101]. Dans l'ancien
diocèse d'Avignon, près de l'antique *Glanum*, Laudun et
Lagoy répondent à Orgon[102], où fut trouvée une statue du
dieu Ours. Dans l'ancien diocèse d'Uzès, démembré du
territoire primitif des Volques arécomiques, Laudun voisine avec Orsan[103]. Pour la plupart de ces localités, il est
impossible de connaître les textes anciens qui pourraient
montrer si elles proviennent vraiment d'un *Lugodunon* et
d'un *Artadunon*, ou tout au moins d'un site consacré à
l'une de ces deux divinités du ciel et de la terre : il est
cependant utile de les grouper ainsi pour faire connaître
leur répartition.

Chez les Voconces, puisque Die, leur capitale, était
dédiée à la grande Ourse, il faut s'attendre à trouver également une localité importante qui le soit au dieu du ciel :
cette localité ne peut être que Luc[104]. Elle représente sans
doute la clairière sacrée où l'on adorait *Lugos :* il est probable que Luzerand[105], de l'autre côté de la montagne de
Cerne, marquait vers le nord la limite du sanctuaire, ou,
plutôt, de la forêt qui entourait celle-ci. En outre, vers la
frontière des Voconces, se trouvent d'autres localités moins
importantes pour rappeler le culte du dieu protecteur. Vers
l'est, Lus[106]. *Lunis*, sur le ruisseau du Lunel[107], et les Lussettes[108] sont des diminutifs de Luc. On remarque, sur la
limite orientale du terroir de Lus, entre les Voconces et le
peuple des *Sogiontii* voisin, le roc et la montagne de
Corps. Le lieu dit Derbons, sur le terroir de Lus, comme
ceux de Durbon et de Durbonas qui dépendaient des
Sogiontii, rappellent la présence primitive de vastes
forêts[109] : ces forêts de sapins, plus ou moins amoindries,
subsistent toujours.

Vers le nord-ouest, au pays de Royans, le dieu du ciel
était également adoré dans la clairière de Logue[110], sur la

Lyonne[111], au milieu de la forêt de Lente. Le bassin de la
Lyonne n'est pas loin de la frontière de Die vers le pays de
Valence ; tout à fait à cette frontière, se remarque Léoncel,
qui est le diminutif de Lyon ou Lyonne. Enfin, à l'est, à la
frontière vers Gap, on note la Combe de Léoux, sur le
terroir de Villeperdrix [112].

A l'est, la localité d'Auton, *Altonum*, sur le terroir de
Beaurières, paraît répondre à la Lyonne et provenir d'un
Artadunon [113].

Au nord-est, en Vercors, au-dessus de la montagne du
grand Larve, à environ 1700 mètres d'altitude, se trouvent,
à la lisière supérieure de la forêt, deux sources : ce sont la
fontaine du corbeau et la fontaine de l'ours [114]. Ces noms
modernes peuvent perpétuer le souvenir d'un culte antique.
De même, Orcinas près de Crupies, dans le sud du territoire des Voconces [115].

En dehors des Voconces, il existe plus d'une trentaine de
localités, portant le nom de Luc, en Aquitaine [116]. De plus,
sur le territoire de la Celtique, une localité de ce nom voisine avec une autre qui porte le nom de Lion [117] ; enfin,
chez les *Commoni*, sur le territoire de l'ancien diocèse de
Fréjus, une localité de ce nom n'est pas très éloignée de
celle qui porte le nom des Arcs [118]. Celle-ci est certainement
en relation d'origine avec le cours d'eau de Provence,
dénommé l'Argens, qui prend naissance à Meironne [119] et
l'Argens est en relation, lui-même, avec la rivière de l'Arc [120],
sa voisine. Ce n'est pas loin de Luc-sur-l'Argens qu'a été
trouvé le monument de Robernier, aux limites des *Commoni* [121].

Parmi les noms analogues à celui de Luc, il faut citer
Lussas [122], Lusse [123], Lux [124], Luxe [125], Luz [126], Luze [127], localités placées, pour la plupart, en Aquitaine. Lussas, chez les
Helvii, est peut-être à rapprocher d'Arcens [128]. En tout cas,
près de Lussas, la localité de Darbres semble préciser qu'il
y avait là une forêt. Dans l'ancien diocèse de Riez, au nord-
est, sur sa limite vers celui de Digne, Pierre d'Arc et Arcon [129] ; à l'est, Levens, provenant sans doute de la forme du
Xe siècle *Luduns* [130], Louche et Lioune, sur la limite du dio-

cèse vers celui de Sénez, Courbon, non loin de là, et, sur
la limite vers Fréjus et Aix, Artignosc[131] sont à signaler.
A l'intérieur du diocèse, sur l'Asse, existe le diminutif de
Levens qui est Lincel[132]. Dans l'ancien diocèse de Sénez,
Luguette au sud-ouest et Argens au nord-est du diocèse
sont à citer[133]; de même, Lioux à l'est et Ourjas à l'ouest
de la ville de Senez[134]. Dans l'ancien diocèse de Glandève,
Lions, au nord-ouest, sur le terroir d'Entraunes, rive
droite du Var, est à signaler comme, à l'est, Lione et
Liouq sur le terroir de Daluis, comme Argenton à l'ouest
et Ourges au sud-ouest[135]. Dans l'ancien diocèse de Nice,
on remarque Ardon au nord, Lieuche, Levens et Ourtia à
l'ouest, Luceram à l'est[136]. Dans l'ancien diocèse de
Digne, à l'est, Lyons, sur le terroir d'Archail, voisine
avec les Dourbes[137]. Dans celui de Gap, Authon, au sud-
est, correspond au sud-ouest à Lemps et à Linceul, au
nord-ouest au cours d'eau de l'Arc[138]. Près de Lemps, le
col de Derbon et le pas de Corbière ; au-dessous de ce
pas et de la caverne de l'ours, Douas et Loche voisinent sur
la rive droite de l'Ouveze[139]. Dans celui de Sisteron, à l'est,
Lioux, sur le terroir d'Augès, près de deux lieux dits Courbons, Lentes, sur celui de Sigonce et, au sud-ouest, Lincel[140]. Dans l'ancien diocèse d'Apt, à l'est, la Doua,
affluent du Calavon en amont d'Apt[141], et, au nord-ouest
sur la limite, Lioux, ainsi que Luc et Lunel, au sud-ouest,
sur le terroir de Bonnieux[142]. Dans l'ancien diocèse d'Aix,
à la limite du sud-ouest vers Arles et Marseille, la localité
de Lançon et, au sud, la rivière de l'Arc avec Luynes[143].
Dans l'ancien diocèse de Carpentras, au nord-ouest, Lyons
sur le terroir de la Roque-Alric et Lantian sur le terroir
de Loriol : au sud-ouest, les Mayres voisines de l'Auzon[144].
Dans l'ancien diocèse de Valence, au nord-est, Hostun, et
au nord, sur le terroir de Chatuzange, les Lioux (?) ; à l'est,
Ourches ; au sud-ouest, Leyne et Derbière, avec Louche[145].
Dans l'ancien diocèse de Viviers, Lioux (?) au nord,
Arcens au nord-ouest et Lemps près de la rivière de Payre
avec Luignes à l'est, Mayres et Meyras vers la source de
l'Ardèche à l'ouest ; Darbres et Lussas, au-dessus de La-

villedieu ; St-Martin-d'Arc au sud[149]. Dans l'ancien diocèse
de Vienne, sur la rive droite du Rhône, au sud-ouest, Lemps
et Lentier[150]. Dans ce même diocèse, sur la rive droite du
Rhône, au sud-est, Lens-Lestang et, à la frontière, Lentiol[151]. Au nord-est, London et le Lemps(?)[152]. Dans l'ancien diocèse de Grenoble, au nord-est, le Grand-Lemps(?);
au sud-ouest, vers Die, Lans et Villard-de-Lans; en Oisans,
au sud-est Mont-de-Lans, dont le glacier est voisin du
lac noir et du Diable[153]. Dans le diocèse d'Embrun, sur la
rive droite de l'Ubaye, Derbezys et Derbez avec Lions ; sur
la rive gauche, Lans ; enfin Meyronnes, sous la tête de la
Courbe et sous Saint-Ours ; vers le sommet, Larche. Sur la
rive droite de la Durance, au confluent de l'Ubaye, les
Lionnets et Longue. Au sud-ouest, vers les diocèses de Gap
et de Digne, Astoin(?)[154]. Dans la Maurienne, le cours
d'eau de l'Arc qui descend de la Levanna, avec la Lanta,
par Lans-le-Villard et Lans-le-Bourg pour aboutir au nord-
ouest en aval d'Aiton[152]. Dans l'ancien diocèse de Lyon,
à l'est, Lhuis et le bois de Luide, vers Belley[153]. Dans
le Valais, Lens, en amont, et Ardon, en aval de Sion[154].
Dans l'ancien diocèse de Belley, le nom de la localité d'Andert[155] rappelle singulièrement la *Dea Andarta* des Voconces. Au nord-ouest, s'y remarque Argis[156]. On y cherche
vainement celui de Luc ; mais, tandis que cette localité
d'Andert se trouve au nord et à peu de distance de Belley,
au sud et à peu près aussi loin de Belley, se remarque
Brens[157]. Ce dernier nom pourrait répondre à celui de
branos qui désignait le corbeau en celtique[158]. Précisément,
dans le diocèse de Nice, Brans se trouve à proximité de
Luceram[159]. Chez les *Commoni*, à la limite du diocèse ancien de Fréjus, vers ceux de Senez, de Riez et de Vence se
voit la localité de Brenon[160], sur l'Artuby, affluent du Verdon. Dans le diocèse de Senez, Brans et Brandis[161] se remarque au sud-ouest vers les diocèses de Riez et de Fréjus.
Dans le diocèse de Gap, Brantes au sud-ouest, sous le Ven-
toux, vers les diocèses de Vaison, de Carpentras et de Sisteron. De même, Montbrand à l'ouest, vers le diocèse de
Die[162]. Dans le diocèse ancien de Genève, se remar-

quent, de même, d'une part Luges, Brens et Arthaz[163] ; de l'autre, vers celui de Lyon, Brenod ; enfin, vers celui de Belley, Brenaz et Artemare[164]. Dans l'ancien diocèse de Vienne, exactement sur la frontière de ce diocèse vers le pays grenoblois de Sermorens, se remarque Artas : au nord-est d'Artas, exactement sur la frontière du même diocèse vers celui de Lyon, se remarque St-Hilaire de Brens. Dans le sud du diocèse de Vienne, on remarque de même Bren et Arthemonay[165]. Ces localités appellent la même remarque que les précédentes. A peu de distance de St-Hilaire-de-Brens, ont été trouvées les pierres de Panossas. De ce nom d'Artas sont, sans doute, à rapprocher les localités du sud-ouest qui s'appellent Arthés[166], Arthez[167], Artix[168], Orthez[169]. Chez les *Tarbelli*, ces noms s'accumulent : la commune actuelle d'Artix se trouve dans le canton d'Arthez et, ce canton, dans l'arrondissement d'Orthez.

Si l'Artas des Allobroges rappelle le souvenir du culte de l'ours, il ne suffit pas d'en rapprocher Brens : il faut en rapprocher également Corbas[170]. Cette dernière localité, à la limite du diocèse ancien de Lyon vers celui de Vienne, a pû, avant la fondation de la colonie romaine de Vienne et de Lyon, se trouver, comme Artas, sur le territoire des Allobroges ; mais le nom de Corbas, dérivé du latin *corvus*, remonte au plus tôt à l'époque gallo-romaine, quand les limites des *Segusiavi* étaient déjà fixées sur la rive gauche du Rhône telles que les a conservées le diocèse de Lyon. Peut-être est-il une transposition tardive du nom de la localité, voisine, de Bron[171], à supposer que Bron se rattache au celtique *branos*. Il y a un Corbaz[172] en Genevois ; il y a aussi un Corbas[173], près de Valence, et cette dernière localité voisine avec celle d'Ourches, placée à la frontière de l'ancien diocèse de Valence vers celui de Die. Il existe une localité du nom de Corbel[174] dans l'ancien diocèse de Grenoble, non loin de celui de Belley, et une localité de Corbelin[175] dans le diocèse de Belley, à sa limite vers celui de Vienne et vers l'enclave lyonnaise de Dolomieu.

On peut se demander s'il ne reste pas, dans le Grésivau-

dan, d'autres traces, d'un culte du ciel et de la terre antérieur à l'époque romaine, que Lans et le Grand-Lemps. Le
nom de Domène[176] attire tout d'abord l'attention : cette
localité, rive gauche de l'Isère, se trouve sur un petit cours
d'eau, affluent de cette rivière, appelé le Domenon et près
de l'embouchure de celui-ci. Ce petit cours d'eau descend,
en passant par la cascade de l'Oursière, de plusieurs lacs
dont les deux plus élevés, le petit et le grand Doménon, se
trouvent sous le sommet paré du nom de Belledonne, qui
domine tout le pays de ses 2981 mètres. Sous ce sommet,
se trouve également la grande Lance. Plus au nord, se
trouve la localité des Hurtières[177] ; sur le terroir de Laval,
se remarque le pré de l'Arc[178] ; sur le terroir de Revel, la
cascade de l'Oursière[179] ; sur le terroir de Vaulnaveys-le-
Haut, au-dessus de l'ancien couvent de Prémol, se trouve
l'Arselle[180] ; enfin, sur le revers oriental de Belledonne, le
lac de Belledonne alimente le ruisseau du Mollard, qui
tombe, dans l'eau d'Olle, en aval d'Articol[181].

La chaîne de Belledonne se relie, par les Sept-Laux, aux
crêtes qui séparent le Grésivaudan de la Maurienne. On
sait que la Maurienne est le bassin de l'Arc, affluent de
l'Isère ; sur la rive gauche de l'Arc, se remarquent Saint-
Georges et Saint-Alban des Hurtières[182]. L'Arc a pour
affluent, lui-même, l'Arvan ; dans le bassin de ce cours
d'eau secondaire, se trouvent St-Sorlin et St-Jean-d'Arves[183].
L'une des cimes, qui séparent la Maurienne du Grésivaudan, se nomme le rocher d'Arguille, haut de 2893 mètres,
et une autre, plus au nord, le bec d'Arguille, mesure 2887
mètres de haut, entre la Ferrière et Saint-Colomban-des-
Villards[184]. Chose remarquable, ces cimes étant à l'est de
l'Isère, de l'autre côté de la vallée de l'Isère, vers l'ouest, se
trouve le roc d'Arguille, de 1787 mètres, près de la dent de
Crolles entre St-Pierre-de-Chartreuse et St-Pancrasse[185].
De même, à l'ouest du Drac, dans la chaîne qui sépare la
Bourne du Drac, se trouve le col de l'Arc, à 1743 mètres,
entre St-Paul-de-Varces et Villard-de-Lans[186]. Enfin, la
grande Moucherotte, à 2289 mètres, entre Corrençon et
Château-Bernard[187], aux limites du Grésivaudan vers le

Diois, se trouve également nommé le Grand Arc. Ainsi, toutes les forêts de la Maurienne et du Grésivaudan, comme celles des Voconces, paraissent avoir été le domaine des ours : le sommet de Belledonne paraît garder le souvenir du culte de la terre que représentait cet animal.

Quant au culte du ciel, Corp [188], sur la rive gauche du Domenon, et Corbel [189], vers le Bugey, en sont des traces apparentes mais plus tardives que Lans. Passant à l'ancien diocèse de Gap, on rencontre à l'extrémité septentrionale de ce diocèse, vers ceux de Grenoble et de Die, la localité de Corps [190] : le col d'Hurtière [191], au-dessus de Corps, mène de la vallée du Drac à celle de la Bonne. La localité d'Orcières [192], à la source du Drac, rappelle très probablement la présence, jusqu'à une époque assez récente, des ours dans ces parages. De même, le pas de l'Ours entre les Infournas et Molines [193]. Sur le terroir de Gap, au-dessus du col Bayard se trouve le hameau des Lunels [194]. Sur la rive gauche de la Durance, aux limites du diocèse de Gap vers celui d'Embrun, il faut surtout remarquer les deux localités, voisines, d'Urtis et de Curbans [195] et, cela, en raison de leur présence sur une frontière, en raison de leur voisinage, en raison, également, de la forme du nom d'Urtis, qui est à rapprocher du nom de Hurtière. Ces formes sont plus anciennes que celle d'Orcières et, cependant, le nom de Curbans comme celui de Corps, ne doit pas être préromain. Dans le diocèse ancien de Sisteron, Courbons se remarque à côté de Lioux.

Dans le diocèse ancien de Digne, se remarque Courbons avec Archail [196] ; au-dessus d'Archail, les Dourbes [197] gardent, on l'a déjà dit, le souvenir d'une forêt ancienne. Dans le diocèse ancien d'Aix, au nord-est, Corbières, sur la rive droite de la Durance, forme la limite de ce diocèse vers celui de Sisteron [198].

Au fond de la vallée de Barcelonnette, il y a lieu de noter Larche, en dessus de Meyronnes, et également la tête de la Courbe [199]. Dans le Briançonnais français, peut-être y a-t-il lieu de relever Arvieux [200] ; de même, le mont Corbioun, dans le Briançonnais italien, sur Thures et Césanne [261]. Dans le diocèse d'Aix, Artigues et Luynes [262] sont à noter : plus de trente localités portent, en Aquitaine, le nom d'Artigue ou d'Artigues [263]. La plus significative est Artiguedieu, sur le territoire du peuple des *Auscii*.

De cette enquête, il résulte que, dans le sud des Gaules, on a adoré surtout, à l'époque celtique, la terre, incarnée dans l'ourse, et le ciel, incarné dans le corbeau. Les traces en subsistent dans la toponymie et ces traces se groupent, d'une manière répétée, surtout aux frontières, ce qui est naturel : ces frontières étaient dès lors sous la garde des dieux. Or, il s'agit d'identifier « un couple femelle et mâle d'individus figurés debout, nus, le corps de face, la tête de profil, armés de l'arc et de la lance, dans l'attitude du combat. Le corps est humain, le masque est animal. Pour l'individu de sexe féminin, ce masque est celui d'un mammifère carnassier ; pour celui de sexe masculin, d'un oiseau rapace. L'individu de sexe féminin est de plus grande taille que l'autre [264] ». Cela étant, le doute n'est pas permis. La pierre de Gap, gravée, avec des instruments d'acier doux, avant l'ère romaine, représente la déesse de la terre sous l'aspect de l'ourse et le dieu du ciel, sous l'aspect du corbeau.

Ce sont donc la *Deua Arta* et le *Deuos Loukos*, tels que les adoraient, entre autres peuples, les *Tarbelli* à Arteon et à Lion ; les *Pictones*, à Arthon et à Loudun ; les *Arverni*, à Artonne et à Lyonne ; les *Segusiavi*, à Arthun et à Lyon puis à Bron et finalement à Corbas : peut-être, les *Parisii* sur l'Ourcq et à « Lutèce » ; les *Helvii* à Arcens, à Lemps sur Payre, aux Mayres ; les *Volcae Arecomici*, à Orsan et à Laudun ; les *Glanices*, à Orgon et à Laudun ; les *Segobriges*, à Orgon et à Laudun ; les *Commoni*, aux Arcs et à Luc ; les *Vulgientes*, à la Doua et à Lioux ; les *Salluvii* à l'Arc et à Lançon ; les *Memini*, aux Mayres, à Lyons et Lantian ; les *Albici*, à Arcon et à Levens, à Lincel, à Lioune ; les *Vergunni*, à Argens, à Ourjas à Lioux ; les *Velauni*, à Argenton et à Lions ; les *Brodiontii*, à Archail et à Lyons ; les *Sogiontii*, à Lioux, à Lentes et à Lincel ; les *Caturiges*, à Larche et à la Courbe, à Lans et à

Astoin ; les *Arantici*, à Hurtière et à Corps, aux Lunels. à
Urtis et à Curbans, à Authon. à Lemps et à Linceul ; les
Uceni à Belledonne, au Grand-Arc, à Mont-de-Lans ; les
Voconces, à Die et à Luc, à Auton, à la Lyonne, à Lentes et à Lioncel, à Montlahuc, au Grand Larve(?) et à Logue,
à Orcinas et à Crupies ; les *Capillati*(?), sur l'Arc, à Aiton,
à la Levanna, à Lans, au roc d'Arguille et à Corbel ; les
Segovellauni, à Hostun et à Leyne. à Ourches, aux Lioux
et à Corbas ; les Allobroges, à Lemps et Lentier, à Lens
et Lentiol, à London, à Artas.

Un détail permettra, même, de préciser. On a remarqué,
sur la pierre, que l'individu de sexe féminin est de plus
grande taille que l'autre : il mesure 285 millimètres de
hauteur. tandis que l'autre mesure seulement 200 millimètres. Cela tend à indiquer que, dans l'esprit du sculpteur,
le culte de la terre passait avant celui du ciel : c'est la terre
qui est la grande déesse. Or, si le culte de la terre et du
ciel paraît avoir été général parmi les peuples de la région,
les Voconces, en particulier, paraissent avoir insisté sur le
culte de la terre plus que personne autre. Pour eux, la
Deua Arta était la *Deua Andarta* et, dans leur pays de
montagnes boisées, la terre paraissait bien, en réalité, tenir
plus de place que le ciel.

Seule, avec Die. la localité d'Andert, près Belley, rappelle explicitement le culte de la grande Terre ou de la
grande Ourse. La sculpture de la pierre de Gap semble
donc avoir été faite pour des Voconces ; car Die est plus
rapprochée de Gap que Belley. Ce n'est pas une *Deua Arta*
ordinaire qui y figure, c'est la *Deua Andarta*. Reste à
savoir en quelle circonstance elle y a été figurée.

L'origine même du culte de la terre, incarnée dans
l'ourse, semble, dans la région, liée avec celle des Voconces
et des peuples de même souche qu'eux. En effet, chez les
Voconces. Die et Luc se trouvent sur la Drôme. Or, « la
Dronne, la Drôme, la Droune rappellent la Traun bava-
roise affluent de l'Alz, et la Traun autrichienne qui. toutes
deux, appartenaient au bassin de l'Istros²⁰³ ». L'invasion,
des peuples Ombriens ou Ibériques du Danube vers les

futures Gaules, se produisit vers le XII* siècle avant J.-C.
au plus tôt et ils y dominèrent jusqu'au VI* siècle, c'est-à-
dire jusqu'à l'arrivée des peuples dits Ligures. Les Voconces
semblent avoir fait partie de ces peuples Ombriens. Au point
de vue de la race, dit-on, c'est une race brachycéphale, de
grande taille, portant les cheveux bruns ou noirs ondulés, les
yeux foncés, les sourcils droits, la face allongée, le nez fin,
droit ou aquilin, le teint légèrement basané [206] ; de langue
illyrienne, ce sont eux, les premiers, qui aient parlé un
idiome arien dans ce pays [207]. Ce sont eux qui en dénommèrent les cours d'eaux, en mémoire de ceux qu'ils avaient
vus dans le bassin du Danube. Au point de vue de la civi-
lisation, se trouvant au premier âge du fer, leurs guerriers
étaient munis du poignard à antennes. Il faudra ajouter à
tout cela qu'ils propagèrent avec eux le culte de la terre et
du ciel, incarnés dans l'ourse et le corbeau. En effet, la
Dronne [208], dans le sud-ouest, est un affluent de l'Isle en
aval de Coutras et l'Isle se jette elle-même dans la Dordogne sous Libourne : comme on a trouvé treize poignards
dans le sud-ouest de la France, on sait aussi que les noms,
rappelant le culte de l'ourse, y sont nombreux. Ce n'est
pas uniquement chez les Voconces que la déesse de la Terre
prend le nom privatif de *Dea* : chez les *Vulgientes*, on a la
Doua ; chez les Salasses, d'une manière analogue à ce qui
s'est passé à Die, près d'Aoste, on retrouve le site de Doues,
en amont du confluent du Buthier avec la Valpelline. Chez
les *Baiocasses*, la Drôme se trouve entre la Douve et Luc,
absolument comme chez les Voconces ; chez les *Lexovii*
voisins, on trouve Lion et la Dives. De même, en amont
de Gmunden, sur le Traunsee, où coule la Traun d'Autriche, descendue de Hallstatt, on remarque l'île et la localité
d'Ortt ; enfin, sur la rive gauche de la Traun de Bavière,
on remarque la localité d'Artz : cette région de la Bavière
et de la Haute-Autriche est également riche en poignards à
antennes. Enfin, entre la Transylvanie et la Serbie, dans le
Banat de Temesvar, c'est-à-dire dans l'ancienne Dacie,
d'où peut être venue la migration, on remarque, sur la rive
gauche du Maros, en amont de Dobra, la localité de Deva

à laquelle répond Lugos sur la rive gauche de la Temes [109].
Il faut conclure que le culte de la Terre et de l'Ourse se
développa certainement, dès le XIIe siècle avant J.-C., chez
les peuples dont faisaient partie les Voconces ; à l'époque
de l'arrivée des Romains, il y subsistait encore et c'est chez les
Voconces qu'il avait finalement pris sa plus grande exten-
sion. Andert se trouve à proximité du bassin de l'Ain, or
la Droune est un affluent de l'Ain [210] : sans doute, le peuple, qui se fixa sur la Droune et à Andert, était apparenté
de très près aux Voconces qui se fixèrent sur la Drôme et à
Die.

L'essentiel est que, si le souvenir de la *deua arta* se trouve
chez tous les peuples issus de la Dacie ou de la Traun,
depuis l'Arva des Carpathes, affluent du Waag, jusqu'à
l'Arva d'Aragon, affluent de l'Ebre, depuis la Traun d'Autriche jusqu'à la Dronne d'Aquitaine et à la Drôme du
Bessin normand, le souvenir de la *Deua Andarta* ne se
trouve pas ailleurs que chez les Voconces et chez leurs
frères de l'Ain.

Le développement du culte de l'ourse et du corbeau ne
fut d'ailleurs pas arrêté par Rome chez ses sujets de la
Gaule. Ce qui semble le prouver, c'est l'existence assez
nombreuse de localités dédiées au corbeau et qui, au lieu
de dériver de termes préromains comme *Loukos* ou *Branos*, procèdent du vocable romain *Corvus*. De même, pour
l'ourse, aux formes primitives, dérivant du préromain
Arta, se substituent des noms se rapprochant peu à peu
du vocable *Ursa*.

En principe, pense-t-on, les habitants des Gaules, avant
leur soumission à Rome, n'élevaient pas de statues à leurs
dieux : ce principe, à supposer qu'il ait existé, comporta
des exceptions. L'ours dévorant de Noves en est la preuve.
Quoiqu'il en soit, il est peu probable qu'une statue de la
grande déesse de la terre ait existé à Die, de forme humaine
ou de forme animale ; à Luc, il n'a pas dû en exister
davantage représentant le dieu du ciel.

Sans doute, les ours vivants et les corbeaux vivants
suffisaient au culte des Voconces dans leurs vallées. On

conçoit mieux qu'un groupe de Voconces, obligés par les circonstances à vivre plus ou moins longtemps hors de leur pays, aient pu songer à dresser un simulacre destiné à remémorer devant eux leurs eaux ou leurs forêts sacrées de Die et de Luc. Il faut donc qu'une telle colonie de Voconces ait vécu à Gap, puisque la pierre a été trouvée dans cette localité et qu'elle est d'une nature se rencontrant très communément dans les environs de ce terroir. Gap tire son nom primitif *Vapincum* des occupants survenus avec les Voconces vers le XII° siècle avant J.-C.[211]; mais ce site ombrien a dû demeurer à peu près désert jusqu'à l'arrivée des Romains. Si les environs de Gap furent habités à l'époque préromaine, ce dut être plutôt sur la hauteur de Saint-Mens. Là, put exister un oppidum : mais cet oppidum était habité par les gens du pays même, c'est-à-dire par les *Avantici*, et non par des Voconces.

Il faut donc descendre jusqu'à la fondation du château romain de Gap. Vers l'an 120 avant J.-C., la domination de Rome avait pénétré dans la Gaule transalpine par le littoral : alors avait été créée la province romaine de la Gaule ultérieure, embrassant la vallée du Rhône jusqu'aux Allobroges. Tous les peuples de cette vallée deviennent ainsi des sujets de la cité conquérante. Les Grecs de Marseille et les Voconces sont admis, cependant, comme peuples fédérés : ces derniers, pense-t-on, par concession de Pompée (77-72 avant J.-C.). La région montagneuse des Alpes restait indépendante[212]. De 27 à 22 avant J.-C., le fils adoptif de César, Octave devenu Auguste, achève d'organiser la Province qu'il gouvernait. Il donne son nom aux postes qu'il crée ou qu'il agrandit sur le réseau des voies de communication, destinées à traverser les Alpes pour joindre la Transalpine à la Cisalpine. C'est alors que les deux centres religieux des Voconces, Die et Luc, deviennent *Dea Augusta* et *Lucus Augusti*[213]. Auguste ne supprimait pas bien entendu, le culte des Voconces, pour la Terre et le Ciel, sous la forme de l'ourse et du corbeau : Rome, sous plusieurs autres formes également vénérables, adorait, comme eux, la Terre et le Ciel.

Pl. III

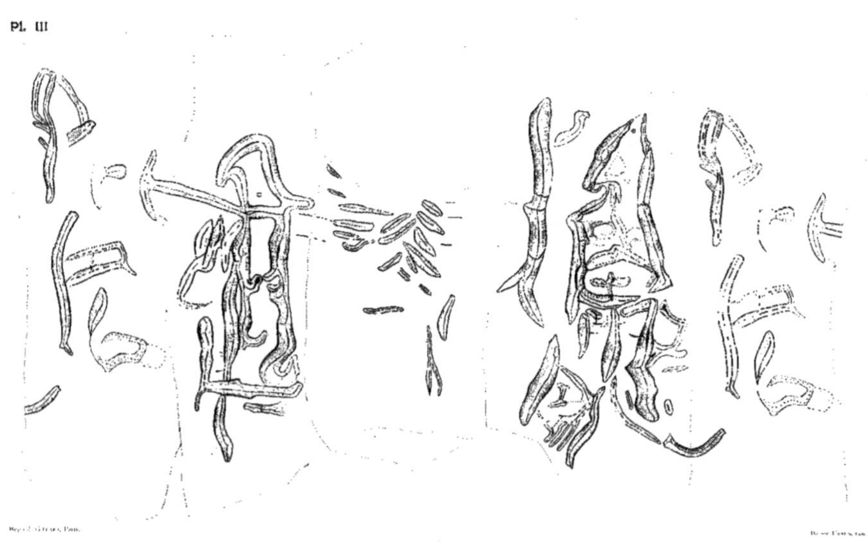

Au fur et à mesure que la majesté de la cité latine admettait de nouveaux peuples à se fédérer avec elle, les cultes, propres à ces peuples barbares, s'associaient de plein droit avec les siens. C'est ainsi, dès l'époque primitive, que le *Consus* du Palatin de Romulus s'était associé l'*Angerona* du *Cermalus* de Rémus, puis le Saturne et son épouse *Ops* du Capitole et de la Roche Tarpéïenne des Toscans, puis le culte des Saliens du Quirinal Sabin qui célébraient les *Agonalia*; enfin, le Faune de l'Esquilin [214]. Tous ces cultes, de peuples ou de quartiers primitivement étrangers avant d'être alliés, célébraient l'union féconde du Ciel et de la Terre, spécialement vers le solstice d'hiver. Maintenant, la grande déesse Ourse et le dieu Corbeau des Voconces devaient être admis, au même titre, dans le panthéon des dieux favorables à Rome toujours plus grande et à ses alliés toujours plus nombreux.

Ayant, en 22, remis au Sénat la Province organisée, Auguste engagea *Marcus Julius Cottius*, le maître de Suse, fils de ce roi *Donnus* qui s'était mis sous la protection de César en 58 et qui avait été muni dès lors du droit latin, à construire de Suse à Sisteron, une voie le long de la Durance, dans les vallées qui, entre Turin et Arles, demeuraient indépendantes. Sur ce trajet, la voie, de Die vers Turin, devait aboutir à Gap [215]. Les peuples de ces vallées, inquiets de se voir ainsi serrés de près et traversés, se révoltèrent contre cet essai de pénétration pacifique et Auguste, pour faire aboutir ses projets, se vit forcé de les soumettre. Entre les Voconces fédérés et les *Segusini* protégés de Rome, se trouvaient les *Caturiges* (Chorges et Embrun) dont la confédération englobait notamment les *Avantici* (Gap), les *Segovii* ou *Sogiontii* (le Buëch), les *Adanates* ou *Edenates* (Ainac et Seyne ?), les *Vesubiani* ou *Esubiani* (l'Ubaye ?). Il y a lieu de se demander si les *Brigianii* (Briançon), comme les *Quariates* (Queyras), les *Savincates* et les *Capillati*, n'étaient pas déjà unis aux *Segusini*, ou bien s'ils dépendaient encore des *Caturiges*. Auguste se trouvant à Lyon [216], la campagne fut dirigée par son gendre *Ti. Claudius Nero*, le futur Tibère, qui

était alors le légat impérial des trois Gaules [217], avec l'appui
du roi *Cottius* et des Voconces, du mois de juin au mois
d'octobre de l'an 14 avant J.-C. [218].

Dès que la soumission des *Caturiges* fut faite, au lieu de
les annexer à la Province, Auguste les unit aux états primitifs de Cottius qui reçut le titre de préfet impérial pour les
gouverner [219] : il fit aussitôt établir un château permanent
sur le site de Gap, au point de jonction de la voie des
Voconces avec la voie Cottienne entre Suse et Sisteron. On
a dit déjà comment l'observation inaugurale, destinée à
établir le château permanent de Gap, dut être opérée un
jour de marché, le septième jour de la lune ou environ,
sur l'horizon astronomique, au coucher du soleil, le XVII
des calendes de janvier de l'an 14 [220].

La garnison, destinée à assurer la sûreté de ce château
et la domination romaine sur les *Avantici*, se composait,
on l'a dit aussi, pour un front de défense du quadrilatère
fortifié de 960 pieds environ [221], d'une demi-cohorte pédestre auxiliaire [222] à l'effectif de 535 hommes [223]. Les Alpes
Maritimes furent gardées par la première cohorte Ligure [224];
de même, quand Agrippa fonda Cologne en 38, ce furent
les Ubiens, peuple ami de Rome, qui y furent installés à
titre auxiliaire pour garder le Rhin contre la Germanie [225].
En cherchant à déterminer comment fut choisie la garnison de Gap, on a écrit : « placé sous la dépendance d'un
préfet barbare, ce poste permanent ne pouvait être occupé
par des troupes prétoriennes comme Aoste, par des citoyens
romains ou même par des contingents empruntés à un
peuple fédéré comme l'étaient les Voconces. En effet, les
fédérés n'étaient pas soumis à l'impôt foncier et, en raison
de leurs privilèges, on ne les eût pas subordonnés à Cottius... Le roi-préfet dut recruter une cohorte auxiliaire
parmi ses propres sujets [226] ». Actuellement, il faut modi-
fier quelque peu ces dires. En réalité, si Cottius gouvernait
administrativement, comme préfet, les peuples unis en
l'an 14 à son domaine primitif et héréditaire, M. Oberziner
a observé, d'après Suétone, que la garnison de Suse se
trouvait placée sous le commandement direct de l'empe-

reur[227] : il en fut naturellement de même à Gap. Ainsi,
rien n'empêche que la demi-cohorte pédestre auxiliaire,
placée à Gap, ait été recrutée, comme tout invite à le croire
désormais, chez le peuple des Voconces fédéré de Rome,
en raison de son voisinage et de sa fidélité reconnue,
comme récompense aussi de la part qu'il avait dû prendre
à la campagne victorieuse contre les *Caturiges*. Par suite,
pour pouvoir encore adorer leur grande déesse de Die et
leur dieu de Luc, c'est-à-dire la Terre et le Ciel représentés
sous la figure de l'ourse et du corbeau, les six centuries de
Voconces, en arrivant sur le sol de Gap qui leur était attribué, durent faire graver par le moins inhabile d'entre eux,
sur une pierre quelconque, la grossière idole si archaïque
qui vient de se retrouver par miracle.

De tout cela, surgit une confirmation, inattendue et très
digne d'être notée, de la date indiquée, il y a quatre ans,
comme la plus probable pour la fondation de Gap. Cette
date, au XVII des calendes de janvier, tombe, pour le
calendrier romain, entre les fêtes des *Consualia*, célébrées
au XVIII de ces calendes, et les fêtes des *Saturnalia*, célébrées au XVI de ces calendes[228]. *Consus*, le dieu céleste,
qui, sur le Palatin, vivifiait la Terre, avait un autel souter-
rain que l'on découvrait trois fois par an et, notamment, ce
jour du XVIII des calendes de janvier. Quant aux *Saturnalia*, fêtes célébrées le XVI des calendes de janvier, et aux
Opalia, célébrées le XIV de ces calendes, elles rappelaient
le culte capitolin de Saturne, *Saturnus consivius*, et de son
épouse *Ops consivia* : c'étaient les fêtes du père et de la mère
de famille. Certes, « une ville nouvelle ne pouvait naître
sous de plus heureux auspices que Gap, entre les réveils de
Consus et de Saturne » ; mais, si cette date était bien choisie pour mettre le nouveau château sous les auspices des
dieux romains du Ciel et de la Terre, elle l'était encore
mieux comme bienvenue à la garnison des Voconces qui
venaient y fixer leurs foyers. Depuis que leur peuple était
fédéré avec Rome, depuis que l'empereur avait décoré de
son nom leurs deux principaux sanctuaires, leur grande
déesse de la Terre, *Andarta*, se reconnaissait dans l'*Ops* du

Capitole, leur dieu du Ciel, *Loukos*, se reconnaissait lui-
même dans *Consus* et dans *Saturnus consivius*. Cette date
de fondation, du XVII des calendes de janvier, était donc
forcément celle que devaient choisir, d'un commun accord,
le légat impérial *Ti. Claudius Nero*, mandataire de la
Majesté romaine, ainsi que ses auxiliaires Voconces fédérés, adorateurs de l'ourse et du corbeau, comme point de
départ pour la vie du nouvel établissement fondé de leurs
mains, à la fin du consulat de *M. Licinius Crassus* et de
Cn. Cornelius Lentulus.

Le culte de l'ourse et du corbeau, ainsi associé à celui du
couple divin de Rome, eut alors, chez les *Caturiges* et
parmi les autres peuples sujets de la province romaine, une
expansion amenée par le prestige de la victoire. De là, sans
doute, la création de localités comme celles de Corps, de
Curbans et d'Urtis, chez les *Avantici;* là, même, où le
culte du corbeau existait déjà, on voit le nom gaulois de cet
oiseau s'associer à son nom latin. Les Allobroges avaient
Ardens et Lens, Brens et Bron ; ils eurent Artas et Corbas.
Il est bien naturel, par voie de conséquence, que la *Deua
Andarta* ait passé ensuite, dans la région, pour la *Dea
Victoria* [229]. En dehors de ce culte primordial à la Terre et
au Ciel, les peuples des Gaules vénéraient, d'ailleurs, une
quantité d'autres divinités. Chez les *Tarbelli*, Tarbes
témoigne du culte de la vache, *Dea Tarua* [230] ; chez les
Allobroges, existait le culte de la *Deua Epona* qui s'adressait à la jument et qui subsiste dans Albon [231]. A l'extrémité du territoire des *Tricastini*, Bollène paraît rappeler le
culte de *Belenos;* de même, dans le diocèse de Nice, la
Bollène et la Bolline du val de Blore ; de même, semble-
t-il, Volonne, tout à fait dans le sud du diocèse de Gap ;
de même, Velanne, à la limite du diocèse de Belley [232]. En
dehors des animaux et des eaux, il y avait un arbre vénéré
dans les Gaules : c'était l'if, *eburos* [233], symbole, tout à la
fois, de mort, par l'influence funeste attribuée à son ombre [234], et d'immortalité, par sa longévité. Les *Caturiges*
observaient ce culte sur le rocher fortifié d'Embrun [235],
Eburodunon, qui était une « forteresse de l'if divin » ; de

même, les Helvètes à Yverdon [236] ; les *Santones*, à
Ebréon [237] ; les *Quadi*, à Brünn en Moravie [238]. Avrolles,
chez les *Ædui*, répond à une « ville de l'if », *Eburobriga* ;
Bram, chez les *Volcæ Tectosages*, à un *Eburomagus*,
« champ de l'if ». Évreux fut la capitale des « guerriers de
l'if », *Eburovices* [239], exactement comme les *Aulerci
Brannovices* étaient les « guerriers du corbeau » ; les
Eburones, entre la Meuse et le Rhin, étaient le « peuple de
l'if ». Or, l'if toujours vert, aux fruits rouges, est un coni-
fère : il n'est donc pas impossible d'en reconnaître la figuration sur l'une des deux faces secondaires de la pierre, à
dextre de l'ourse et devant son arc menaçant [240].

De cette constatation, naît le soupçon que la pierre de
Gap, portant sur ses deux faces principales le couple do-
minant des dieux vainqueurs, peut avoir reçu, sur ses deux
faces accessoires, la figuration des dieux propres aux peuples vaincus.

Pour vérifier le fondement de cette hypothèse assez logique, il faut pouvoir interpréter clairement la face qui fait
vis-à-vis au dieu du ciel. Ce qu'il y a de plus net sur cette
face, c'est la figuration d'une hache [241]. Or, si l'if représente
ici les *Caturiges* et leurs clients les *Avantici*, la hache
représente plus clairement encore les *Segovii*, soit que ce
peuple ait eu réellement le culte de la hache, soit que la
hache soit simplement un de ces emblèmes qui parlent par
rébus. En effet, la hache, *securis* en latin [242], paraît répondre au grec χέρσος, pierre, au sanscrit *skar*, qui éveille l'idée
de séparer et de couper, à l'anglo-saxon *scear*, séparation,
au gothique *skreitan*, déchirer [243]. Dans le langage des Voconces et des peuples voisins, existait certainement un
terme analogue répondant aux mêmes idées ; car la hache,
façonnée primitivement en pierre, est l'instrument qui
coupe ou sépare. Ce terme, latinisé en *Secusia*, se retrouve
dans le nom de plusieurs localités destinées primitivement
à indiquer les limites des Voconces et de plusieurs autres
peuples de la région [244]. Maintenant encore, les limites, des
Segovii vers les *Avantici*, sont nettement marquées, du pic
de Bure à Sisteron, par la Sigouste, le torrent de Sigaud, la

manche de Séüse, les Scies, Sigoyer, Céas, la petite Séüse,
le torrent de Céas, les Sigauds de Melve, Sigoyer-Malpoil,
la Sasse [215]. Ainsi, *secusia*, la hache, est le symbole tout
indiqué du peuple des *Segovii*, rattaché à la préfecture du
roi Cottius, en attendant d'être, lors du démembrement de
cette préfecture, uni aux Voconces. Sur la pierre de Gap,
il est intéressant de constater que le tranchant de la hache,
au lieu d'être tourné à dextre, fait face au dieu du ciel dont
la lance la tient en respect. Si les *Avantici* ne sont pas
représentés, comme les *Segovii* ou les *Caturiges*, sur la
pierre, par le symbole de leur culte, c'est qu'ils dépendaient des *Caturiges*.

En définitive, il est permis de s'arrêter à la conclusion
que la pierre de Gap fut gravée, en l'an 14 avant J.-C., pour
la demi-cohorte pédestre auxiliaire des Voconces fédérés,
destinée à tenir garnison dans le château permanent établi
à ce moment, par le légat impérial *Ti. Claudius Nero*, sur
le territoire récemment soumis.

D'un commun accord, Rome et ses auxiliaires inaugu-
rèrent Gap le XVII des calendes de janvier, entre les fêtes
de *Consus* et celles de Saturne, dieux latins auxquels le
culte du couple divin des Voconces se trouvait associé.
L'idole des Voconces figurait l'ourse et le corbeau, victo-
rieux de l'if et de la hache.

Quelques siècles plus tard, quand tous ces dieux vainqueurs et vaincus eurent cessé de plaire, les Gapençais,
pour obéir à leur nouveau culte chrétien, tentèrent de bri-
ser l'idole ; mais la pierre de l'ourse victorieuse était vraiment résistante et à peine put-on l'écorner. On se contenta
donc de la jeter à quelque distance, hors les murs, vers la
voie décumane [216], au-delà de la source voisine du lieu
réservé au culte des habitants [217]. Ainsi abandonnée, elle
fut ensuite ramassée, quand la cité s'étendit, pour entrer
dans les matériaux d'une maison à construire et, de cons-
truction en reconstructions, elle est restée perdue de longs
siècles dans les murs qui se sont succédé depuis lors. Le
hasard seul, servi par un ouvrier intelligent, l'a remise au

jour et. maintenant, elle rend. à qui la voit, son témoignage sur le passé tombé dans l'oubli. de ce pays, dont elle gardait fidèlement l'empreinte depuis soixante générations.

Manteyer. 7-11. 17-18, 20-25 septembre 1908.

GEORGES DE MANTEYER.

NOTES

---

[1] *G. de Manteyer*. Le nom et les deux premières enceintes de Gap (*Bull. de la Soc. d'Etudes des H.-A.*, 24ᵉ année, 1905, p. 317).

[2] *Ibid.*, p. 324.

[3] Voir la planche hors texte n° I. Les quatre figures 1, 2, 3 et 4 de cette planche représentent les quatre faces verticales de la pierre quand elle est dressée sur sa base ; ces quatre figures proviennent de clichés, dont l'aspect est fort net, aimablement pris par M. Hippolyte Müller de Grenoble.

[4] Sur le plan général de la ville de Gap, levé, sous la direction de M. Truchy, ingénieur-géomètre en chef du cadastre, par M. Garnier, géomètre de première classe, vu par le Maire de Gap, M. Roubaud, le 21 septembre 1841 et annexé à l'ordonnance royale du 24 juin 1846 par le Ministre de l'Intérieur, cette maison, dans le 8ᵉ quartier, portait le n° 19, rue de l'Hôpital.

[5] Ce n° 15 portait en 1841, rue de l'Hôpital, le n° 21.

[6] Cette maison, en 1841, portait, sur le plan, le n° 6 dans le cul-de-sac Trébaudon.

[7] Cette maison, en 1841, portait, sur le plan, le n° 14 dans la rue Notre-Dame.

[8] Voir la planche hors texte n° II, provenant d'un cliché de M. Müller.

[9] Pl. II, fig. 12.

[10] Pl. II, fig. 1.

[11] Pl. II, fig. 13.

[12] Pl. II, fig. 2.

[13] Pl. II, fig. 14.

[14] Pl. II, fig. 3.

[15] Pl. II, fig. 5.

[16] Pl. II, fig. 15.

[17] Pl. II, fig. 4.

[18] Même figure.

[19] Pl. II, fig. 10.

[20] Pl. II, fig. 8.

[21] Pl. II, fig. 16.

[22] Pl. II, fig. 6.

[23] Pl. II, fig. 9.

[24] Pl. II, fig. 7.

[25] Pl. II, fig. 17.

[56] Il est remarquable, en effet, que la meurtrissure produite par le travail du silex donne une teinte grisâtre, moins blanche et moins opaque que celle par le travail du bronze ou du fer. Ces deux teintes sont assez dissemblables pour ne pouvoir être confondues et celle dont la pierre gravée garde l'empreinte, atténuée par le temps, accuse l'emploi du métal.

[57] Dès l'époque de l'Odyssée, l'acier était, pour les Grecs, de fabrication courante, comme le prouvent les vers 391, 392 et 393 du IX° chant de ce poème, dont voici la traduction : « de même que, quand l'ouvrier forgeron trempe une grande hache à un ou à deux tranchants dans l'eau froide, ce traitement fait siffler vivement l'objet ; c'est ainsi que le fer prend sa force » (G. *Dindorf*. Homeri Odyssea, ed. quinta. Pars I : Odysseæ I-XII. Lipsiæ, Teubner 1886, p. 144). Le colonel de Rochas a rappelé ce fait (*A. de Rochas*. La science dans l'antiquité. Les origines de la science et ses premières applications. Paris, G. Masson [1883], in-8° p. 123, n. 1).

[58] Voir pl. I hors texte, fig. 2 ; voir, à une plus grande échelle, la pl. III hors texte. Pour obtenir cette dernière planche, M. Hippolyte Müller ayant fait exécuter un moulage de la pierre par M. E. Rouge, 20, rue de Strasbourg, à Grenoble, on a cerné, sur ce moulage, d'une ligne faite au pinceau tous les contours des traits gravés ; en même temps, on a précisé, par une autre ligne médiane, la profondeur extrême de chacun de ces traits gravés. Puis, le dessin complet, ainsi obtenu mécaniquement, de ces figures a été décalqué très fidèlement par M. Chaud, commis des ponts et chaussées à Gap, en accusant la profondeur plus ou moins grande de chaque trait gravé par des hachures qui s'étendent entre les contours superficiels et la ligne de fond de chaque trait. Les traits pointillés marquent l'incertitude de quelques directions.

[59] Voir pl. I, fig. 1 et la pl. III.

[60] Voir pl. I, fig. 4 et la pl. III.

[61] La hampe de cette lance, qui a 75mm de long, se termine non par une pointe mais par un arc convexe de 50mm auquel elle se lie sur le milieu de cet arc. Ce détail est intéressant à noter. En effet, comme

emmanchement, la lance de bronze paraît avoir passé par la même évolution que la hache de bronze. La lance à douille et pointue de l'époque larnaudienne (G. et A. de Mortillet, Musée préhistorique, 2ᵉ éd. Paris, Schleicher, 1903, pl. LXXXVIII) a été précédée par la lance à talons et de tranchant convexe, même ovale, à l'époque morgienne (Ibid., pl. LXXVII, nᵒ 885; M. de Mortillet dénomme cet objet *spatule*, mais c'est une lance). Pour les lances au tranchant convexe, voir le fragment d'épopée irlandaise cité par M. d'Arbois de Jubainville (*Les Druides* et les dieux celtiques à forme d'animaux, Paris, Champion, 1906, p. 181). A cette même époque morgienne, la lance à talons a été précédée, elle-même, par la lance à bords droits et de tranchant presque droit, à peine arrondi (*Mortillet*, Ibid., pl. LXXVII, nᵒ 887. M. de Mortillet dénomme cet objet *hache*; en raison de ses dimensions, c'est plutôt une lance). Or, l'évolution des haches primitives à bords droits et à tranchant droit ou à peine convexe (*Ibid.*, pl. LXXI, nᵒˢ 791-794) a passé aux haches à bords droits et à tranchant très convexe jusqu'à être ovale (*Ibid.*, nᵒˢ 801, 802, 808) par une forme intermédiaire (*Ibid.*, nᵒˢ 795, 799, 800, 803, 807) où l'arc convexe du tranchant, sans être d'un ovale complet, se trouve figuré par une demi-circonférence. Il a dû exister des lances d'un tracé identique et c'est une lance archaïque de ce genre que brandit le personnage gravé ; le graveur a exagéré les dimensions du tranchant de cette lance, comme il a exagéré les dimensions de l'arc sur l'autre face de la pierre.

[21] Voir pl. I, fig. 3 et la pl. III.

[22] *Mortillet*, Musée préhistorique, 2ᵉ éd., pl. XXVII, nᵒˢ 229, 230, 231, 232; pl. XXVIII, nᵒˢ 240, 241, 245, 246. Ces quatre gravures ne présentent pas de relief : un trait en creux marque simplement le contour des figures. Les objets en question proviennent de la Dordogne, de la Charente, des Landes, du Tarn-et-Garonne.

[23] *Mortillet*, Ibid., pl. LXIV, nᵒ 608 : représentation féminine gravée sur un support en calcaire devant le dolmen de la Bellehaye à Boury, Oise. — *Ibid.*, pl. LXV, nᵒˢ 712, 713, 714 : représentations masculine et féminines sur dalles de grès provenant du Gard et de l'Aveyron. Les stèles d'Orgon (Bouches-du-Rhône), portant des représentations sexuées, gravées en relief, sont, comme technique, à rapprocher des trois dalles de grès du Gard et de l'Aveyron (*Em. Espérandieu*, Recueil général des bas-reliefs de la Gaule Romaine, t. I, Paris, 1907, p. 103, nᵒ 123).

[24] *Mortillet*, Ibid., pl. XCVI, nᵒ 1270 (Savoie), 1271 (Autriche).

[25] *Espérandieu*, Ibid., pp. 83-85, nᵒ 105. Joindre, comme technique, le nᵒ 108, p. 86.

[26] *Ibid.*, p. 281, nᵒˢ 410 et 411 ; p. 489, nᵒ 820.

[27] *Ibid.*, p. 9, nᵒ 10.

³⁹ Voir, dans le Queyras, la pierre de *T. l'ennonius* : elle porte une rosace entre deux dauphins, simplement au trait (*Ibid.*, p. 23, nᵒˢ 20). Voir la frise romaine d'Alleins, au trait (*Ibid.*, p. 113, nᵒ 134). Voir encore à Narbonne les jeux de l'amphithéâtre (*Ibid.*, p. 386, nᵒ 609).

⁴⁰ « Les peuples aryens et beaucoup de peuples non aryens ont personnifié le ciel, la terre et l'océan, le soleil et la lune, l'orage, le tonnerre, l'éclair, l'aurore, le feu et le vent. Ils révéraient et personnifiaient tous, comme la divinité suprême, la voûte protectrice du ciel... ils révéraient tous la terre comme leur mère et comme l'épouse du ciel » (*Isaac Taylor*, L'origine des Aryens et l'homme préhistorique, trad. H. de Varigny. Paris, L. Bataille, 1895, pp. 306-307). Mais cette personnification divine s'est faite assez tard, après la séparation de ces différents peuples et, ainsi, elle s'est produite séparément chez chacun d'eux : en effet, « on ne peut pas trouver une seule des puissances de la nature qui ait été adorée sous le même nom primitif par tous les peuples aryens » (*Ibid.*, p. 307). « Une grande partie de la mythologie grecque... est essentiellement non-aryenne et doit être venue de Babylone par l'intermédiaire des Phéniciens » (*Ibid.*, p. 300). « Les Grecs prirent aux Phéniciens l'idée de représenter les dieux sous une forme humaine et les images des dieux à Rome furent faites d'abord par des artistes étrusques. Les premiers objets d'adoration des Aryens semblent avoir été des fétiches, comme des arbres sacrés, des bélemnites ou des pierres météoriques. Le premier autel grec fut élevé à Dodone : l'objet d'adoration était un chêne, aux branches duquel étaient attachés des charmes et des talismans et le murmure du vent dans ses branches était regardé comme une voix d'oracle venant du ciel » (*Ibid.*, pp. 308-309). « Les païens ont d'abord adoré la nature telle qu'elle se présentait à eux : en premier lieu, le ciel... en second lieu, la mer... en troisième lieu, la terre... Quand les Grecs donnèrent forme humaine à tous leurs dieux, le ciel personnifié fut *Zeus*, époux de *Héra* ; *Poséidôn*, époux d'Amphitrite prit la place de la mer ; *Hadès*, époux de Perséphone... arriva lui troisième au lieu de la terre » (*H. d'Arbois de Jubainville*, Les druides et les dieux celtiques à forme d'animaux. Paris, Champion, 1906, pp. 143-144). « A côté de la divinité des rivières apparait celle des montagnes et des forêts... Enfin, on adora les animaux. Les premiers dieux dont, sur le sol aujourd'hui français, l'homme reproduisit l'image par la peinture aux temps préhistoriques furent des animaux... » (*Ibid.*, p. 150).

⁴¹ *Ibid.*, pp. 147-148, d'après l'évangile de saint Mathieu : V, 34, 35.

⁴² *Ibid.*, pp. 146-147.

⁴³ *Ibid.*, p. 145.

⁴⁴ *G. Maspero*. Histoire ancienne des peuples de l'orient. Paris, Hachette, 1875, p. 143.

⁴⁵ *P. Dhorme*. Choix de textes, 1907, introduction, p. XVIII ; *J. de Morgan*, Les premières civilisations. Paris, Leroux, 1909, p. 212, n. 1.

46 *Ibid.*, p. 243 et n. 1, 2. — « Epervier saint à l'aile fulgurante... grand lion qui se défend soi-même et qui ouvre la voie... Taureau la nuit... » (G. *Maspero, Ibid.*, p. 35). Depuis que l'Égypte entière obéissait à un seul souverain, celui-ci se faisait adorer lui-même comme le fils du *soleil* (*Ibid.*, pp. 35 et 38).

47 *Ibid.*, p. 37.

48 *Ibid.*, p. 61. — Il faut rapprocher des sphinx égyptiens, lions à tête humaine représentant le soleil levant ou couchant, les taureaux ailés à tête humaine, *keroubim*, ou chérubins, qui gardaient l'entrée du palais de Charroukin (Sargon), roi d'Assyrie (721-705), et aussi les centaures de la Grèce, les satyres d'Italie, etc., comme représentations divines comportant un corps d'animal et une tête humaine. Dans le palais d'Achournasir-apal II, roi d'Assyrie (884-860), à Kalakh, aujourd'hui Nimroud, existait, près de l'arbre sacré, la représentation d'une divinité dont le corps était humain avec les membres de l'aigle. Tantôt, le corps humain, habillé, tient de la main droite une pomme de pin et, de la gauche, un vase, tandis que la tête et les ailes figurent l'aigle. Tantôt, le buste humain, avec les bras, comporte une tête humaine, mais les cuisses et les ailes rappellent l'aigle. Tantôt, enfin, la divinité, presque entièrement humaine, ne garde de l'aigle que les ailes et c'est, ainsi, le type angélique qui s'est perpétué jusqu'à présent. De l'époque chaldéenne primitive, vers le XL siècle, subsistent des monuments où l'aigle paraît représenter le dieu du ciel et le lion la déesse de la de la terre. Sur le vase d'Entéména, l'aigle céleste empiète le lion terrestre ; la masse d'armes de Mésilim en pierre et la lance votive en bronze du roi de Kish portent le lion divin qui assure leur force ; le vase à libations, en pierre polie, de Goudéa, patési de Sirpourla, porte la représentation d'une divinité mixte : outre deux serpents entrelacés, le corps et la tête d'un autre serpent se combinent avec deux serres et deux ailes d'aigle. Le ciel et la terre se trouvent unis dans cette conception monstrueuse et probablement androgyne. Le Louvre possède d'ailleurs deux lions chaldéens archaïques en pierre antérieurs au XXX siècle, deux autres lions de terre cuite émaillée du XL siècle et un lion de bronze achéménide (VI-IV siècles avant J.-C.) ; cette représentation divine de la terre est restée d'usage courant et des lions d'aspect respectable veillent encore aujourd'hui à Paris aux portes de l'Hôtel-de-Ville, comme aussi, moins menaçants, à celles de l'Institut de France.

49 G. *Maspero*, ibid., p. 47.

50 *Ibid.*, p. 47.

51 *Ibid.*, p. 37.

52 Ποίμην λαῶν Ἥρη (*Iliade*, IV, 50) ; H. *Schliemann*, Tirynthe, Paris, C. Reinwald, 1885, p. 10. En sanscrit, le ciel ou « Père brillant », *pita dyauh*, répond à la « Mère vaste », *mata prthivi*,

qui est la terre. Ce qualificatif de « brillant », δῖος en grec, *divus* en latin, appliqué au Ciel, est devenu le nom proprement dit de la divinité. Pour les Grecs, Ζεύς ou Ζεὺς πατήρ; pour les Latins, *Deus optimus maximus* ou *Iupiter*, c'est Dieu le père, le meilleur et le plus grand de tous. Par analogie, en Grèce, Héra, la terre, a été qualifiée Διώνη. Les linguistes trouvent obscur le premier terme de ce mot composé; sans doute, Δη y répond au grec Θεά, δῖα, au latin *dea* « déesse » comme Ζεύς au grec Θεός, au latin *deus*, « dieu » (J. *Meillet*, Introduction à l'étude comparative des langues indo-européennes, 2ᵉ éd. Paris, Hachette, 1908, pp. 363-365).

H. Schliemann. Tirynthe. p. 153.

Ibid., p. 153.

Ibid., pp. 153-154.

Ibid., pp. 4- 12.

Ibid. p. 151 : du même, Ilios, pp. 371-369 : Mycènes, pp. 69-74.

Θεά γλαυκῶπις Ἀθήνη, (*Odyssée*. I. 44 : *Schliemann*. Mycènes, p. 159).

Em. Espérandieu. Recueil des bas reliefs de la Gaule Romaine, t. I, Paris, 1907. pp. 69-70. n° 81.

Tandis que le culte d'Aphrodite a été surtout répandu d'abord par Sidon, celui de Héraclès Melcart répond plutôt à l'influence moins ancienne de la ville également phénicienne de Tyr (*J. de Morgan*. Les premières civilisations, p. 3.., n. 5).

Espérandieu, pp. 48-52, n° 49. — Pour les statues de Velaux (Bouches-du-Rhône), la tête ayant disparu, on ne peut être fixé (*Ibid.*, pp. 107-108, n° 131).

Ibid., p. 102, n° 121.

H. d'Arbois de Jubainville, Les druides et les dieux celtiques à forme d'animaux. Paris, Champion, 1906, pp. 150-151 et n. 1: *d'Arbois*, Les dieux celtiques à forme d'animaux (Revue celtique, t. XXVI, pp. 103-1001. — Cf. *Pline*, t. X, § 16.

H. d'Arbois de Jubainville. Les Celtes, 1904, pp. 39-40, 57.

« Deum maxime Mercurium colunt. Huius sunt plurima simulacra, hunc omnium inventorem artium ferunt, hunc uiarum atque itinerum ducem, hunc ad questus pecuniae mercaturasque habere uim maximam arbitrantur. Post hunc, Apollinem et Martem et Iouem et Mineruam. De his eandem fere quam reliquae gentes habent opinionem : Apollinem morbos depellere, Mineruam operum atque artificiorum initia tradere, Iouem imperium caelestium tenere, Martem bella regere (*De Bello gallico*. l. VI. c. 17. § 1. 2. 3: *d'Arbois de Jubainville*, Les druides, 1906. p. 65. n. ..).

Ibid., pp. 151. 152. 167. cf. *W. M. Hennessy*. The ancient Irish goddess of war (Revue celtique. t. I. pp. 3..-55.).

⁶⁷ *Ibid.*, p. 152, cf. *Salomon Reinach*, Les carnassiers androphages dans l'art gallo-romain (Rev. celt., t. XXV, pp. 208-224).

⁶⁸ *Ibid.*, p. 155. Le taureau ou la vache paraissent, en Irlande, avoir personnifié le dieu ou la déesse des eaux (*D'Arbois de Jubainville*, Les Celtes, p. 56).

⁶⁹ *D'Arbois*, Les druides, p. 156; cf. *Salomon Reinach*, Epona (Rev. archéologique, t. XXVI, pp. 163-195, 309-335).

⁷⁰ *D'Arbois*, p. 156.

⁷¹ *Ibid.*, pp. 156-163.

⁷² *Ibid.*, pp. 157-158; cf. *Salomon Reinach*, Les survivances du totémisme chez les anciens celtes (Rev. celt., t. XXI, pp. 269-306 et pl. hors texte entre les pp. 288-289); *Holder*, Alt celtischer Sprachschatz, Leipzig, Teubner, t. I, 1891-1906, col. 227.

⁷³ *D'Arbois*, Les Druides, p. 157.

⁷⁴ Voir les six dédicaces *Deæ Augustæ Andartæ* de *Lucius Carisius Serenus*, sévir augustal, de *Titus Dexius Zosimus*, de *Quintus Julius Antonius*, de *Marcus Julius Theodorus*, de *Marcus Pompeius Primitivus* et de *Sextus Plutatius Paternus* : les quatre premières ont été trouvées à Die, la cinquième, à Saint-Laurent sur le terroir de Die, la sixième à Aurel. On en connaît encore trois autres plus ou moins mutilées (*Em. Espérandieu*, Inscriptiones Galliæ Narbonensis; Sylloge epigraphica orbis romani, vol. III, pars prima, Romæ, L. Pasqualucci, 1896, pp. 2-3, nᵒˢ 14-19; cf. *D'Arbois de Jubainville*, Les druides, p. 158; *Holder*, t. I, col. 1380).

⁷⁵ En latin, *nemus*, bois, bois sacré; en irlandais, *nem*, ciel, de **nemos* (*D'Arbois de Jubainville*, Eléments de la grammaire celtique. Paris, Fontemoing, 1903, p. 53).

⁷⁶ *Ibid.*, pp. 27, 33. En fait de dissimilation portant ainsi sur la quantité de la voyelle tonique, M. d'Arbois de Jubainville en cite une qui est à relever : *Matunus*, forme latinisée du celtique *Matunos*, avait une variante **Matunnos* (Les druides, p. 161).

⁷⁷ *D'Arbois*, Les celtes, pp. 44-45.

⁷⁸ On a trouvé à Nimes une dédicace de Rufine aux *Lucubus* (*Espérandieu*, Ibid., p. 23, nᵒ 242). A Avenche, en Suisse, on trouve mentionnés les *Lugoves*; en Espagne, les *Lugovibus* (*d'Arbois*, Eléments de la grammaire celtique, p. 27).

⁷⁹ « Il n'est pas question de l'aigle parmi les oiseaux divinisés chez les Celtes. Mais, dans les textes irlandais,... Badb, déesse de la guerre... ordinairement invisible, s'offrait aux regards... sous forme de corneille ou de corbeau » (*d'Arbois de Jubainville*, Les druides, p. 151).

⁸⁰ « Un soi-disant gaulois *lugos*, « corbeau », dont l'existence réelle n'est pas établie et qui est suggérée par le traité apocryphe *De fluviis*

attribué à Plutarque, mais dont l'auteur, la date et la provenance sont également inconnus » (d'*Arbois de Jubainville*, Les Celtes, p. 41). Voir *A. Devaux*, Les noms de lieux dans la région lyonnaise aux époques celtique et gallo-romaine, Lyon, Mougin-Rusand, 1908, pp. 16, 27 et errata ; *A. Devaux*, Étymologies lyonnaises, réponse à M. Steyert, Lyon, Mougin-Rusand, 1909, pp. 16-44. Le pseudo-Plutarque explique, d'après le livre 13 des Fondations de Clitophon, le nom de Lyon, en disant que les fondateurs de cette ville, Momoros et Atepomaros, dénommaient, dans leur dialecte, le corbeau *lougos* : chassés de leur pays, ils vinrent, guidés par un oracle, fonder un établissement sur cette colline. Des corbeaux leur apparurent subitement les ailes étendues et couvrirent, pour se percher, les arbres d'alentour. A cette vue, les deux fugitifs se fixèrent aussi sur ce site et le dénommèrent dans leur langue, hauteur du corbeau, *Lougodunon* (Clitophon le Rhodien, Ktiseis, livre 13 : Fragmenta historicorum graecorum collegit Carolus Mullerus, Parisiis, Didot, 1851, vol. 4, p. 367 ; *Alfred Holder*, Alt-celtischer Sprachschatz, t. II, col. 307, art. Λούγος). L'auteur d'un lexique de 17 termes celtiques intitulé *De nominibus gallicis*, inséré dans un manuscrit du VIII° siècle, explique le nom de Lyon par *desideratam montem* (Mon. Germ. hist., Auct. antiquiss. t. IX : Chronica minora, vol. I, 1892, p. 613). On voit que l'auteur de cette interprétation a été trompé par l'homonymie approximative de *Lug* avec le gothique *lustus* et le vieil haut allemand *lust*, plaisir (*Brugmann*, p. 360), termes apparentés avec le sanscrit *labh*, désirer violemment, le latin *lubet* (Ibid., p. 226). Encore maintenant, en allemand, *lust* signifie désir et plaisir : il existe des *lusthaus*, des *lustschloss*, des *lustwald*, maisons, château ou bosquets de plaisance. Tout cela est bel et bon, mais Lyon n'a jamais eu aucun rapport, même lointain, de nom avec celui qui a donné naissance aux *Lustige Blätter*. La vie de Saint-Germain d'Auxerre (IV, 2, 2) est mieux inspirée en interprétant *Lugdunum* par *lucidus mons* (*Georges Dottin*, Manuel de l'antiquité celtique, 1906, p. 60).

[1] « On retrouve, dans plusieurs dialectes, le nom gaulois du corbeau *branos* » (*Devaux*, Étymologies, p. 37). Dans d'autres dialectes, le corbeau pouvait, certes, porter un autre nom : c'est ainsi que l'ours, nommé ἄρκτος en grec et *artos* en celtique, d'où *art* en irlandais ancien et *arth* en gallois, s'est également appelé *matus, d'où *math* en irlandais (cf. *Arbois*, Les druides, pp. 157, 160).

[2] Voir le médaillon de Vitellius se présentant en 69 devant le Génie de Lyon (*André Steyert*, Nouvelle histoire de Lyon, t. I, 1895, p. 310. — « On peut fort bien admettre, pour expliquer la présence du corbeau sur les monuments lyonnais, que cet oiseau était le symbole de *Lugus*, ainsi que M. Vachez l'a dit... ou bien encore... le symbole de *Lugudunon*... » (*Devaux*, Étymologies, p. 36).

[3] MM. d'Arbois de Jubainville, Holder et Devaux ont eu pleinement

raison de soutenir que Lyon, *Lugodunon*, est le « château du dieu *Lugus* » : M. Steyert de son côté n'a pas eu tort de dire que c'est la « colline des corbeaux », puisque le corbeau est une incarnation du dieu *Lugus*. Les deux interprétations ne se contredisent pas : elles se complètent. Pour Holder, voir Alt-celtischer Sprachschatz, t. II, col. 308-314.

[54] *Abbé A. Devaux*, Les noms de lieux dans la région lyonnaise aux époques celtique et gallo-romaine, 1898, p. 27. — « Il y a lieu, ce nous semble, d'expliquer, par le nom *Artos* de l'ours divinisé, les noms de lieu *Artobriga* en Vindélicie et *Arto-danum*, aujourd'hui Arthun (Loire); *Arto-danum*, « forteresse du dieu *Artos* », peut servir de pendant à *Lugudunum*, « forteresse du dieu *Lugus* » (d'*Arbois de Jubainville*, Les druides, 1906, p. 158).

[55] Arthun, Loire, arr. Montbrison, cant. Boën. Voir Holder, Alt-celtischer Sprachschatz, t. I, col. 227 : *Artodunon*.

[56] Lion, Basses-Pyrénées, arr. Pau, cant. Lembeye, comm. Samsons-Lion. Arteon, Basses-Pyrénées, arr., cant. Bayonne, comm. Anglet.

[57] Loudun, Vienne; Holder, t. II, col. 344. — Cf. Lion, Deux-Sèvres, arr. Parthenay, cant. Airvault. Arthon-en-Retz, Loire-Inférieure, arr. Paimbœuf, cant. Pornic.

[58] Artonne, Puy-de-Dôme, arr. Riom, cant., comm. Aigueperse; voir Holder t. I, col. 227 : *Artona*. Lyonne, Allier, arr. Gannat, cant. Escurolles, comm. Cognat-Lyonne. En rapprocher Lionne, sur le terroir de Rougon, à l'extrémité du diocèse de Riez vers celui de Senez; Lionne, sur le terroir de Dainis, dans le diocèse de Glandève.

[59] Arthon, Indre, arr. Châteauroux, cant. Ardentes.

[60] Lyon, Charente, arr., cant. Angoulême, comm. Puymoyen.

[61] Lauzun, Lot-et-Garonne, arr. Marmande; *Holder*, t. II, col. 344.

[62] Montlauzun, Lot, arr. Cahors, cant. Montcuq; *Holder*, t. II, col. 344. — Monlezun, Gers, arr. Mirande, cant. Marciac; *Holder*, t. II, col. 344.

[63] Ladon, Loiret, arr. Montargis, cant. Bellegarde. — Laons, Eure-et-Loir, arr. Dreux, cant. Brezolles; *Holder*, t. II, col. 344. — Lion-en-Beauce, Loiret, arr. Orléans, cant. Artenay. — Lion-en-Sullias, Loiret, arr. Gien, cant. Sully-sur-Loire; *Holder*, t. II, col. 344.

[64] Loudon, Sarthe, arr., cant. Le Mans, comm. Parigné-l'Évêque ; *Holder*, t. II, col. 344 : jadis *Luedunus*.

[65] Lion d'Angers (le), Maine-et-Loire, arr. Segré.

[66] Arthon, Yonne, arr. Tonnerre, cant. Noyers, comm. Mélay.

[67] Artonne, Nièvre, arr. Cosne, cant. La Charité, comm. Narcy.

[68] Lyon, Aube, arr. Nogent-sur-Seine.

[99] Laon. Aisne : *Lugdunum Remorum* (*Holder*. t. II, col. 344). A cette liste. on peut encore ajouter Lion-devant-Dun. dans la Meuse ; 344. — Monlezun, Gers. arr. Mirande, cant. Marciac ; *Holder,* t. II, col. 344. Saint-Bertrand-de Cominges, jadis *Lugdunum Convenarum* (*Holder,* t II, col. 344) ; le *Lugdunum* des Bataves aujourd'hui Leiden, Leyde en Hollande (*Holder,* t. II, col. 344) ; Lügde, en Westphalie, sur la rive gauche de l'Emmer, affluent du Weser. jadis dans l'évêché de Paderborn, maintenant dans le comté de Pyrmont, aux princes de Waldeck (*Holder,* t. II, col. 306 : *Lugidunon*).

M. d'Arbois de Jubainville a dit que León, en Espagne, dans la province de ce nom. garde le souvenir de la résidence du *præfectus legionis septimæ,* que Saint-Pol-de-Léon, dans le Finistère, rappelle le *præfectus militum Maurorum Osismentium* et, enfin que Caerleon, dans le pays de Galles, rappelle la *legio secunda Augusta* (*Rev.* celtique, 1908. t. XXIX. p. 267). Existent encore. en Espagne, Lens, prov. Coruña, Juzg. Negreira ; León. prov. Lugo, juzg. Chantada ; León, prov. juzg. Orense ; Leyun, Navarra. juzg. Aoiz ; Lodón, prov. Oviedo, juzg. Belmonte, sans parler des Luco, des Lugo, des Luiña, et les légions romaines ne peuvent rendre raison de toutes ces localités, spécialement de Lodón (*M. Diaz Valero,* Diccionario geogràfico. Madrid, Herres, 1898, pp. 248. 252. 257).

[100] Lédenon. Gard, arr. Nimes, cant. Margueri:tes.

[101] Laudun. Gard. arr. Nimes. cant. Beaucaire, comm. Fourques. Orgon (le grau d'). Bouches-du-Rhône. arr., cant. Arles. comm. Saintes-Maries.

[102] Laudun. Bouches-du-Rhône. arr. Arles, cant..comm. Saint-Remy. Lagoy. Bouches-du-Rhône, arr. Arles, cant., comm. Saint-Remy. Orgon, Bouches-du-Rhône, arr. Arles. Il est possible que Mont de Vergues, sur le terroir d'Avignon, *Monte Levenico,* provienne d'un *Monte Ludunico.*

[103] Laudun. Gard, arr. Uzès, cant. Roquemaure ; *Holder,* t. II, col. 344. Orsan, Gard, arr. Uzès, cant. Bagnols.

[104] Luc-en-Diois, Drôme, arr. Die.

[105] Luzerand, Drôme, arr. Die, cant. Châtillon, comm. Menglon.

[106] Lus-la-Croix-Haute, Drôme. arr. Die, cant. Châtillon.

[107] Lunel (le), affluent du Buëch, sur la rive droite, descend du col de la Croix-Haute.

[108] Lussettes (les). hameau sur le terroir de la commune de Lus.

[109] Le nom gaulois du chêne était *deruon* ou *dernos* (*H. d'Arbois de Jubainville.* Les Celtes. 1904, p. 52). Il ne faudrait pas en conclure que les forêts actuelles de sapins de Durbon et de Durbonas ont été précédées à l'époque celtique par des forêts de chênes. En effet, le mot

primitif indo-européen *dorfo (?) nommait simplement le « bois » ou l'« arbre » d'une manière générique, sans en préciser l'espèce. C'est le cas qu'ont gardé le sanscrit *daru*, « bois », le grec *dorn* « bois, le grec » et *dendron* « arbre », le vieux slave *drevo* « bois, arbre », le gothique *triu* « arbre » : mais, si le grec *drus*, le gallois *derwen*, le breton *derv*, le vieil irlandais *daur* ont pris le sens de « chêne », sans doute parce que le chêne était l'arbre le plus répandu dans les pays où les peuples parlant ces langues sont venus se fixer, d'autre part, le lituanien *derva* a pris le sens de « bois de sapin », sans doute pour une raison analogue. Ainsi, Durbon et Durbonas indiquent simplement, dès une époque préromaine, l'existence, sur le même site qu'aujourd'hui, de forêts étendues. Dès lors comme aujourd'hui, si les bois de chênes garnissaient, en dessous de 1100 mètres d'altitude, la plaine ou le fond des vallées, c'étaient surtout dans cette région alpine, sur les pentes montagneuses qui s'étagent de 1200 jusqu'à 1900 ou 2000 mètres, les futaies de sapins qui devaient dominer. Le nom particulier du chêne *percus* ne paraît que dans le latin, *quercus*, et dans le vieil haut allemand, *forha*. Les indo-européens primitifs ne distinguaient donc pas les arbres divers par des noms particuliers, pas plus le chêne que les autres ; cependant, ils appréciaient déjà le gland comestible de cet arbre, puisqu'on en connaît le nom en arménien, *kalin*, en vieux slave, *zeladi*, en lituanien, *gile*, en latin, *glans*, et en grec, *balanos* (J. *Meillet*, Introduction à l'étude comparative des langues indo-européennes, 2ᵉ éd. Paris, Hachette, 1908, pp. 361, 108, 277, 362). — Durbon et Durbonas, Hautes-Alpes, arr. Gap, cant. Aspres-sur-Buëch ; Derbon (le col de), entre les communes de Lemps (cant. Remuzat) et de St-Sauveur (cant. Le Buis), Drôme, arr. Montélimar ; Derboux, au nord et au pied de la montagne d'Here, Drôme, arr. Montélimar, cant. Séderon, comm. Laborel : Here, se trouve au sud de cette montagne sur le terroir d'Izon, dans le même canton. En rapprocher Plandergue, arr. Briançon, cant., comm. l'Argentière, sur la rive droite de la Durance.

¹ Logue, Drôme, arr. Valence, cant. St-Jean-en-Royans, comm. Bouvante. En rapprocher Luguette, sur le terroir de Blieux, à l'extrémité du diocèse de Senez, vers celui de Riez.

¹ Lyonne (la), affluent de la Bourne, sur la rive gauche, à la Baume d'Hostun, descend du col de la Truite. Le ruisseau de Léoncel est l'affluent de la Lyonne, sur la rive gauche : son nom en est un diminutif. La localité de Léoncel est dans la Drôme, arr. Valence, cant. Saint-Jean-en-Royans.

¹ Léoux (la combe de), Drôme, arr. Die, cant. La Motte-Chalancon, comm. Villeperdrix ; Montlahuc, Drôme, arr. Die, cant. La Motte-Chalancon, comm. Bellegarde, jadis *Mons Lugdunus* (*Holder*, t. II, col. 342).

¹ Auton, Drôme, arr. Die, cant. Luc-en-Diois, comm. Beaurières.

[114] Sur le terroir de Gresse, Isère, arr. Grenoble, cant. Le Monestier-de-Clermont.

[115] Orcinas, Drôme, arr. Montélimar, cant. Dieulefit; Crupies, Drôme, arr. Die, cant. Bourdeaux. D'Orcinas, rapprocher Orcines, Puy-de-Dôme, arr., cant. Clermont-Ferrand; Arsine, Hautes-Alpes, arr. Briançon, cant. La Grave, comm. Villar-d'Arène, et cant., comm. Le Monétier-les-Bains.

[116] Luc, Aveyron, arr., cant. Rodez; Luc, arr. Rodez, cant., comm. La Salvetat-Peyralès; le Luc, Cantal, arr., cant. Saint-Flour, comm. Ussel; Luc, Corrèze, arr. Tulle, cant., comm. Mercœur; le Luc, Creuse, arr. Aubusson, cant., comm. Gentioux; le Luc, Dordogne, arr. Sarlat, cant. Saint-Cyprien, comm. Saint-Chamassy; le Luc, Gard, arr. le Vigan, cant. Alzon, comm. Campestre; Luc, Gers, arr. Lectoure, cant. comm. Mauvezin; le Luc, Gironde, arr., cant. Bordeaux, comm. Bègles; le Luc, Gironde, arr. Libourne, cant. Branne, comm. Espiet; le Luc, Gironde, arr., cant., comm. La Réole; le Luc, Landes, arr. Dax, cant., comm. Pouillon; le Luc, Landes, arr. Saint-Sever, cant. Tartas, comm. Souprosse; le Luc, Landes, arr. Saint-Sever, cant., comm. Tartas; Luc, Haute-Loire, arr. Brioude, cant. Langeac, comm. Auteyrac; le haut Luc, Loire-Inférieure, arr. Saint-Nazaire, cant. Blain, comm. Le Gavre; le Luc, Lot-et-Garonne, arr. Marmande, cant. Meilhan, comm. Gaujac; Luc, Lot-et-Garonne, arr. Nérac, cant. Houeillès, comm. Pompogne; Luc, Lozère, arr. Mende, cant. Langogne; le Luc, Lozère, arr. Florac, cant. Saint-Germain-de-Calberte, comm. Saint-André-de-Lancize; le Luc, Puy-de-Dôme, arr. Thiers, cant. Saint-Remy-sur-Durolle, comm. Celles; haut et bas Luc, Puy-de-Dôme, arr. Clermont-Ferrand, cant. Rochefort-Montagne, comm. Perpezat; Luc, Hautes-Pyrénées, arr. Tarbes, cant. Tournay; Luc, Hautes-Pyrénées, arr. Tarbes, cant. Castelnau-Rivière-Basse, comm. Saint-Lanne; Luc, Deux-Sèvres, arr., cant. Niort, comm. Saint-Gelais; Luc, Deux-Sèvres, arr. Bressuire, cant. Thouars, comm. Saint-Martin-de-Sanzay; le Luc, Deux-Sèvres, arr. Melle, cant. Celles-sur-Belle, comm. Verrines; le Luc, Tarn-et-Garonne, arr., cant., comm. Moissac; le petit Luc, Vendée, arr. La Roche-sur-Yon, cant. le Poiré-sur-Vie, comm. les Lucs-sur-Boulogne; Luc-Armau, Basses-Pyrénées, arr. Pau, cant. Lembeye; Lucmajour, Lot-et-Garonne, arr. Nérac, cant. Houeillès, comm. Pinderès; Lucmau, Gironde, arr. Bazas, cant. Villandraut; Lucq-Bieilh, Basses-Pyrénées, comm. Lucq-de-Béarn; Lucq-de-Béarn, Basses-Pyrénées, arr. Oloron-Sainte-Marie, cant. Monein; Luc-sur-Aude, Aude, arr. Limoux, cant. Couiza; les Lucs-sur-Boulogne, Vendée, arr. la Roche-sur-Yon, cant. Poiré-sur-Vie; Luc-sur-Orbieu, Aude, arr. Narbonne, cant. Lézignan; Lugo-di-Nazza, Corse, arr. Corte, cant. Ghisoni; Lugo-di-Venaco, Corse, arr. Corte, cant., comm. Venaco; Luc, Suisse, Valais, distr. Sierre; Luc, Valais, distr. Hérens; Arch, cant. Berne, distr. Büren; Arth, cant. et distr. Schwyz.

[117] Luc-sur-Mer, Calvados, arr. Caen, cant. Douvres. Lion-sur-Mer, Calvados, arr. Caen, cant. Douvres.

[118] Le Luc-en-Provence, Var, arr. Draguignan; les Arcs-sur-Argens, Var, arr. Draguignan, cant. Lorgues; les Lions, Var, arr. Draguignan, cant. Grimaud, comm. Plan-de-la-Tour.

[119] Sur la commune de Saint-Maximin.

[120] Qui naît sur la comm. de Pourcieux. En rapprocher l'Orco, qui coule en Piémont; l'Arve, en Genevois; l'Arc, en Maurienne; l'Arc, sur le terroir de la Roche-des-Arnauds; l'Artuby, affluent du Verdon, rive gauche, à Rougon, naît à Peyroules.

[121] Voir, ci-dessus, note 38.

[122] Lussas, Ardèche, arr. Privas, cant. Villeneuve-de-Berg. Voir deux autres localités de ce nom en Dordogne: l'une, arr. et cant. Nontron, l'autre, arr. Ribérac, cant., comm. Verteillac.

[123] Lusse, Vosges, arr. Saint-Dié, cant. Provenchères-sur-Fave.

[124] Lux, Ariège, arr., cant. Foix, comm. Serres; Lux, Côte-d'Or, arr. Dijon, cant. Is-sur-Tille; Lux, Haute-Garonne, arr., cant. Villefranche; Lux, Hérault, arr., cant., comm. Béziers; Lux, Saône-et-Loire, arr., cant. Châlon-sur-Saône.

[125] Luxe-Sumberraute, Basses-Pyrénées, arr. Mauléon, cant. Saint-Palais.

[126] Luz-Saint-Sauveur, Hautes-Pyrénées, arr. Argelès-Cazost; Luz, Tarn-et-Garonne, arr. Moissac, cant. Valence, comm. Lamagistère; Saint-Jean-de-Luz, Basses-Pyrénées, arr. Bayonne.

[127] Luze, Haute-Saône, arr. Lure, cant. Héricourt.

[128] Arcens, Ardèche, arr. Tournon, cant. Saint-Martin-de-Valamas.

[129] Arc (Pierre d'), Basses-Alpes, arr. Digne, cant. Mézel. — Arcon (colle d'), Basses-Alpes, arr. Digne, cant., comm. Mézel.

[130] Levens, Basses-Alpes, arr. Digne, cant. Moustiers-Sainte-Marie. — Les deniers médiévaux de Lyon portent, entre autres, les formes suivantes : sous Charlemagne (771-781), *Lugdun*; sous Louis le pieux (814-840), *Lugdunum*; sous le comte Guillaume (920-942), *Lucduni civis*; sous le comte Hugues (942-952), *Luduns civiis*; sous le roi Conrad (952-993), *Lucdunus, Lugdunus, Lugudunus*; sous le roi Rodolfe (993-1032), *Lucudunus, Lugudunus*; sous Henri III (1038-1056), *Lucdunus, Lugdunus*. La forme *Luduns*, empruntée à la langue courante du Xe siècle, est particulièrement intéressante.

[131] Louche, Basses-Alpes, arr. Digne, cant. Moustiers-Sainte-Marie, comm. Châteauneuf-lès-Moustiers; Lioune, Basses-Alpes, arr., cant. Castellane, comm. Rougon; Courbon, Basses-Alpes, arr. Digne, cant. Moustiers, comm. La Palud; Artignosc, Var, arr. Brignoles, cant. Tavernes.

[132] Lincel, Basses-Alpes, arr. Digne, cant. Valensole, comm. Brunet.

[133] Luguette, Basses Alpes, arr. Castellane, cant Senez, comm. Blieux. Argens, Basses-Alpes, arr. Castellane, cant. Saint-André-de-Méouilles. Cf. l'Argens, cours d'eau qui tombe dans la mer sous Fréjus; Argençon (Saint Pierre-d'), Hautes-Alpes, arr. Gap, cant. Aspres-sur-Buech; Argens, Aude, arr. Narbonne, cant. Ginestas; Argences, Calvados, arr. Caen, cant. Troarn.

[134] Lioux, Basses-Alpes, arr. Castellane, cant., comm. Senez. Ourjas, Basses-Alpes, arr. Digne, cant., comm. Barrème.

[135] Lions, Alpes-Maritimes, arr. Puget-Théniers, cant. Guillaumes, comm. Entraunes; Lione et Liouq, Alpes-Maritimes, arr. Puget-Théniers, cant. Guillaumes, comm. Daluis; Argenton, Basses-Alpes, arr. Castellane, cant. Annot, comm. Le Fugeret; Ourges, Basses-Alpes, arr. Castellane, cant. Annot, comm. Saint-Benoit. Sur le terroir de Daluis, remarquer la tête de Courpatas.

[136] Levens, Alpes-Maritimes, arr. Nice; Licuche, Alpes-Maritimes, arr. Puget-Théniers, cant. Villars; Ourtia (Vé l'), Alpes-Maritimes, arr. Puget-Théniers, cant. Villars, comm. Touet-de-Beuil; Luceram, Alpes-Maritimes, arr. Nice, cant. L'Escarène; Ardon, arr. Puget-Théniers, cant. Guillaumes, comm. Saint-Etienne-sur-Tinée.

[137] Lyons, Basses-Alpes, arr. Digne, cant. La Javie, comm. Archail; les Dourbes, Basses-Alpes, arr., cant. Digne.

[138] Authon, Basses-Alpes, arr., cant. Sisteron. Lemps, Drôme, arr. Montélimar, cant. Rémuzat. Linceul (montagne de), Drôme, arr. Nyons, cant. Buis-les-Baronnies, comm. Sainte-Jalle et Rochebrune. — Pour prouver que les noms actuels de cette région, du type de Lens aussi bien que du type de Levens, peuvent provenir de *Luduns* et, ainsi, de *Lugodunon*, il suffit de rappeler ici l'acte du 2 mars 1294/5 où sont énumérés les châteaux de la baronnie de Montauban qui, dans le diocèse de Gap, garnissaient le bassin supérieur de l'Ouveze : c'étaient Montauban, Montguers, Rioms, Saint-Auban, Sainte-Euphémie et, immédiatement au-dessous, dans le petit diocèse, Vercoiran. Avec ces six châteaux de la baronnie, se trouve énuméré celui, certainement voisin, de « Lionz ». Dans cette localité, il faut reconnaitre, au nord de l'Ouveze, sur la rive gauche de l'Eygues, la localité actuelle de Lemps : cette identité n'est pas discutable (*Arch.* de l'Isère, B. 3660; Ul. Chevalier, Inventaire des archives des Dauphins en 1346, n° 1368). On sait que le château et la terre « vulgairement appelée de Lions » avait été vendue au prix de 4.000 sous, par Guillaume de Condorcet, à Raimbaud et Reymond Raimbaud frères, avec le consentement du baron, noble Dragonet de Montauban, de qui elle relevait, le 13 septembre 1294 (*Arch.* de la Chambre des Comptes de Dauphiné, vol. coté : 335. Copiarum concernentium patrimonium Domini nostri Delphini in pluribus bailivatibus, fol. 632. La notice de cet acte, avec sa référence,

existe à la p. 42 d'un manuscrit transcrit au XVIII⁰ siècle et intitulé
« extraits de la chambre des comptes de Dauphiné pour compléter ou
critiquer le travail de M. de Boissieux sur le droit delphinal », ainsi
que cela résulte d'une aimable communication de M. le marquis
d'Albon).

[139] Derbon (le col de), Drôme, arr. Montélimar, cant. Rémuzat,
comm. Lemps, et cant. Le Buis, comm. Saint-Sauveur. Corbière (le
pas de), entre La Fare, au nord, et Saint-Auban, au sud ; la caverne
de l'Ours, entre Saint-Sauveur, au nord, et Saint-Auban, au sud. La
Fare est dans le cant. de Rémuzat ; Saint-Sauveur et Saint-Auban, dans
celui du Buis. Douas et Loche sont sur le terroir de Saint-Auban.

[140] Lioux, Basses-Alpes, arr. Forcalquier, cant. Peyruis, comm.
Augès ; Courbons, Basses-Alpes, arr. Forcalquier, cant., comm. Pey-
ruis ; Courbons, Basses-Alpes, arr. Sisteron, cant. Volonne, comm.
Châteauneuf-Val-Saint-Donat ; Lentes, Basses-Alpes, arr., cant. Forcal-
quier, comm. Sigonce ; Lincel, Basses-Alpes, arr. Forcalquier, cant.
Reillane.

[141] Doua (la) prend sa source sur le terroir de Viens, passe par
Gignac et Rustrel, se jette sur la rive droite du Calavon au terroir et
en amont d'Apt. Sur cette rive droite et au confluent, dans le terroir
de Saignon, se trouve le lieu dit homonyme la Doua. Toutes ces localités sont en Vaucluse, arr., cant. Apt.

[142] Lioux, Vaucluse, arr. Apt, cant. Gordes ; Luc (château) et Lunel,
Vaucluse, arr. Apt, cant., comm. Bonnieux.

[143] Lançon, Bouches-du-Rhône, arr. Aix, cant. Salon. L'Arc, cours
d'eau qui descend du mont Aurélien, passe par les terroirs de Saint-
Maximin, Pourcieux, Pourrières, Trets, Peynier, Rousset, Fuveau,
Meyreuil, Tholonet, Aix, Velaux pour se jeter à Berre dans l'étang de
Berre. En descendant de Pourcieux et de Pourrières, l'Arc passe entre
la montagne Sainte-Victoire, au nord, et le rocher de l'Olympe, au sud,
sur le terroir de Trets ; ce rocher joint le mont Aurélien par la montagne de Regagnas. Luynes est sur le terroir d'Aix ; la rivière de Luynes,
affluent de l'Arc rive gauche, sur ce terroir, descend de Mimet par
Gardanne. — De Lançon, dans le diocèse d'Aix et à la limite du diocèse d'Arles, peut-être faut-il rapprocher Lansac, dans le diocèse
d'Arles et à la limite de celui d'Avignon : Lansac est sur le terroir
de Tarascon, près Saint-Gabriel.

[144] Lyons, Vaucluse, arr. Orange, cant. Beaumes, comm. La Roque-
Alric. Lantian, Vaucluse, arr., cant. Carpentras, comm. Loriol. —
La Mayre de la Buyre, affluent de la Sorgue, rive droite, sur les terroirs de Monteux, arr., cant. Carpentras, et de Bédarrides, arr. Avignon, cant., comm. Bédarrides. La Mayre de la Sorguette, affluent du
bras de la Sorgue rive droite, sur le terroir de Monteux vers Althen-
des-Paluds,

[144] Hostun et la Baume d'Hostun, Drôme, arr. Valence, cant. le Bourg-de-Péage ; Lioux (les), Drôme, arr. Valence, cant. le Bourg-de-Péage, comm. Chatuzange ; Ourches, Drôme, arr. Die, cant. Crest ; Leyne, Drôme, arr. Montélimar, cant. Marsanne, comm. Lachamp ; Derbière, Drôme, arr. Montélimar, cant. Marsanne, comm. Savasse ; Louche, Drôme, arr., cant., comm. Montélimar.

[145] Lioux, Ardèche, arr. Tournon, cant., comm. Vernoux ; Arcens, Ardèche, arr. Tournon, cant. Saint-Martin-de-Valamas ; Lemps, Ardèche, arr., cant. Privas, comm. Alissas ; le cours d'eau de Payre prend sa source sur le terroir de Berzème, passe par Rochessauve, Chomérac qui est limitrophe d'Alissas, Saint-Symphorien, pour se jeter à Baix sur la rive droite du Rhône. La localité de Payre se trouve au-dessus du confluent sur le terroir du Pouzin ; Luignes, Ardèche, arr. Privas, cant. Rochemaure, comm. Saint-Martin-l'Inférieur, sur la rive droite du Lavezon ; Mayres, Ardèche, arr. Largentière, cant. Thuets ; Meyras, Ardèche, arr. Largentière, cant. Thueyts ; Darbres et Lussas, Ardèche, arr. Privas, cant. Villeneuve-de-Berg ; Saint-Martin-d'Arc, Ardèche, arr. Largentière, cant., comm. Vallon.

[146] Lemps, Ardèche, arr., cant. Tournon ; Lemps, Ardèche, arr. Tournon, cant. Annonay, comm. Roiffieux ; Lentier, Ardèche, arr. Tournon, cant. Annonay, comm. Saint Julien-Vocance.

[147] Lens-Lestang, Drôme, arr. Valence, cant. Le Grand-Serre ; Lentiol, Isère, arr. Saint-Marcellin, cant. Roybon.

[148] London, Isère, arr. La Tour-du-Pin, cant. Bourgoin, comm. Ruy ; Lemps (le), arr. La Tour-du-Pin, cant. Crémieu, comm. Moras.

[149] Lemps (le Grand-), Isère, arr. la Tour-du-Pin ; Lans, Isère, arr. Grenoble, cant. Villard-de-Lans ; Lans (Mont-de-), Isère, arr. Grenoble, cant. le Bourg-d'Oisans.

[150] Derbezys, Basses-Alpes, arr. Barcelonnette, cant. Le Lauzet, comm. Revel ; Derbez, Basses-Alpes, arr. Barcelonnette, cant., comm. Les Thuiles ; sur la rive gauche, Derbes, comm. Barcelonnette ; Lions, arr., cant. Barcelonnette, comm. Faucon ; Lans et le Villard de Lans, arr., cant. Barcelonnette, comm. Jausiers ; Meyronnes, Saint-Ours, les rochers de Saint-Ours et la tête de la Courbe, arr. Barcelonnette, cant. Saint-Paul, comm. Meyronnes ; Larche, arr. Barcelonnette, cant. Saint-Paul ; Les Lionnes, Hautes-Alpes, arr. Embrun, cant. Chorges, comm. Rousset ; Loague, Hautes-Alpes, arr. Embrun, cant. Chorges, comm. Prunières ; Astoin, Basses-Alpes, arr. Sisteron, cant. Turriers.

[151] Levanna (la), cime dominante de 3619ᵐ entre l'Arc de Maurienne, l'Orco du val de Locana et la Stura septentrionale du val Lanzo ; Lanta (la), affluent supérieur de l'Arc, en amont de Bonneval, qui descend du mont Iseran ; Lans-le-Villard, Savoie, arr. Saint-Jean-de-Maurienne, cant. Lanslebourg ; Lanslebourg, Savoie, arr. Saint-

Jean-de-Maurienne ; Aiton, Savoie, arr. Saint-Jean-de-Maurienne, cant. Aiguebelle.

[133] Lhuis, Ain, arr. Belley ; Luide (bois de), Ain, arr. Belley, cant. Lhuis, comm. Seillonnaz.

[134] Lens, Suisse, Valais, distr. Siders, sur la rive droite entre Sierre et Saint-Léonard ; Ardon, entre Conthey et Chamoson. — En rapprocher Lenz, Grisons, distr. Albula ; Lenzburg, Argovie ; Lenz, Bâle, distr. Waldenburg ; Linz, Haute-Autriche, rive gauche du Danube, en amont de la Traun.

[135] Andert, Ain, arr., cant. Belley, comm. Andert-et-Condon ; en rapprocher Andard, Maine-et-Loire, arr., cant. Angers, et, peut-être, Andergia, Suisse, Grisons, distr. Moesa, Mesocco. En rapprocher également Langres, jadis *Andematonnon*, où le mot *artos* se trouve remplacé par *matos* (*Holder*, t. I, col. 144).

[136] Argis, Ain, arr. Belley, cant. Saint-Rambert.

[137] Brens, Ain, arr., cant. Belley.

[138] Le nom du corbeau, en vieil irlandais *bran*, comme en moyen breton, en gaélique, en gallois et en cornique, provient du celtique *branos*. En russe, *voron*, en serbe, *vran*, en lituanien *varnas*, ce nom parait provenir d'une forme balto-slave *vornos* (*Alfred Holder*, Alt-celtischer Sprachschatz, Leipzig, Teubner, t. I, 1891-1896, col. 512 ; *K. Brugmann*, Abrégé de grammaire comparée des langues indo-européennes, trad. Bloch, Cuny, Ernout, Paris, Klincksieck, 1905, p. 69). Ce nom étant en grec κόραξ , en latin *corvus*, les formes celtique *branos* et balto-slave *vornos* paraissent bien provenir du même mot primitif *guorps*, de souche indo-européenne, que les formes latine *corvus* et grecque κόραξ (*Brugmann, Ibid.*, p. 174 et suiv.).

[139] Brans (la cime du gros), Alpes-Maritimes, arr. Nice, cant. L'Escarène, comm. Luceram.

[140] Brenon, Var, arr. Draguignan, cant. Comps.

[141] Brans et Brandis, Basses-Alpes, arr., cant. Castellane, comm. Villars-Brandis.

[142] Brantes, Vaucluse, arr. Orange, cant. Malaucène ; Montbrand, Hautes-Alpes, arr. Gap, cant. Aspres-sur-Buëch.

[143] Luges, Haute-Savoie, arr. Thonon-les-Bains, cant. Douvaine, comm. Loisin ; Brens, Haute-Savoie, arr. Thonon-les-Bains, cant. Douvaine ; Bremhonne, Haute-Savoie, arr. Thonon, cant. Douvaine ; Arthaz-Pont-Notre-Dame, Haute-Savoie, arr. Saint-Julien-en-Genevois, cant. Annemasse. Il y a un autre Brens dans le Tarn, arr., cant. Gaillac.

[144] Brenod, Ain, arr. Nantua ; Brenaz, Ain, arr. Belley, cant. Champagne ; Artemare, Ain, arr. Belley, cant. Champagne. Voir Arthamare, Drôme, arr. Die, cant. Luc-en-Diois, comm. Beaurières.

[165] Artas, Isère, arr. Vienne, cant. Saint-Jean-de-Bournay; Saint-Hilaire-de-Brens, Isère, arr. La Tour-du-Pin, cant. Crémieu; Bren, Drôme, arr. Valence, cant. Saint-Donat; Arthemonay, Drôme, arr. Valence, cant. Saint-Donat.

[166] Arthès, Tarn, arr., cant. Albi.

[167] Arthez-d'Armagnac, Landes, arr. Mont-de-Marsan, cant. Villeneuve; Arthez-d'Asson, Basses-Pyrénées, arr. Pau, cant. Nay.

[168] Artix, Ariège, arr. Pamiers, cant. Varilhes; Artix, Lot, arr. Figeac, cant. Latronquière, comm. Sénaillac; Artix, Basses-Pyrénées, arr. Orthez, cant. Arthez.

[169] Orthez, Basses-Pyrénées.

[170] Corbas, Isère, arr. Vienne, cant. Saint-Symphorien-d'Ozon.

[171] Bron, Rhône, arr. Lyon, cant. Villeurbanne.

[172] Corbaz, Haute-Savoie, arr., cant. Saint-Julien-en-Genevois, comm. Collonges-sous-Salève.

[173] Corbas, Drôme, arr., cant. Valence, comm. Montéléger; Ourches, Drôme, arr. Die, cant. Crest.

[174] Corbel, Savoie, arr. Chambéry, cant. Les Echelles.

[175] Corbelin, Isère, arr. La Tour-du-Pin, cant. Le Pont-de-Beauvoisin; Dolomieu, Isère, arr., cant. La Tour-du-Pin.

[176] Domène, Isère, arr. Grenoble. Le Doménon prend naissance sur le terroir de Revel, sert ensuite de limite entre Revel et Saint-Martin-d'Uriage et se jette sur le terroir de Domène. La cascade de l'Oursière et les lacs du Doménon sont sur le terroir de Revel. Le sommet de Belledonne se trouve entre Sainte-Agnès sur la vallée d'Isère et Allemond sur la vallée de l'eau d'Olle. L'arête de la Grande Lance s'étend sur le terroir de Combe-de-Lancey. Combe-de-Lancey, comme Sainte-Agnès et Revel, dépend du canton de Domène. Allemond dépend du canton du Bourg-d'Oisans.

[177] Hurtières, Isère, arr. Grenoble, cant. Goncelin; Hurtière, Isère, arr. Saint-Marcellin, cant. Rives, comm. Renage; Hurtière, Isère, arr. Saint-Marcellin, cant., comm. Tullins.

[178] Arc (le pré de l'), Isère, arr. Grenoble, cant. Domène, comm. Laval.

[179] Oursière (l'), Isère, arr. Grenoble, cant. Domène, comm. Revel.

[180] Arselle (l'), Isère, arr. Grenoble, cant. Vizille, comm. Vaulnaveys-le-Haut.

[181] Articol, Isère, arr. Grenoble, cant. Le Bourg-d'Oisans, comm. Allemond; en rapprocher Artigolles, Gironde, arr. Bazas, cant. Captieux, comm. Escaudes.

182 Saint-Georges-des Hurtières, Savoie, arr. Saint-Jean-de-Maurienne, cant. Aiguebelle; Saint-Alban-des-Hurtières, Savoie, arr. Saint-Jean-de-Maurienne, cant. Aiguebelle.

183 Saint-Sorlin-d'Arves, Savoie, arr., cant. Saint-Jean-de-Maurienne; Saint-Jean-d'Arves, Savoie, arr., cant. Saint-Jean-de-Maurienne.

184 Arguille (le rocher et le bec d'), entre La Ferrière, Isère, arr. Grenoble, cant. Allevard, et Saint-Colomban-des-Villards, Savoie, arr. Saint-Jean-de-Maurienne, cant. La Chambre.

185 Arguille (le roc d'), entre Saint-Pierre-de-Chartreuse, Isère, arr. Grenoble, cant. Saint-Laurent-du-Pont, et Saint-Pancrasse, Isère, arr. Grenoble, cant. Le Touvet.

186 Arc (le col de l'), entre Saint-Paul-de-Varces, Isère, arr. Grenoble, cant. Vif, et Villard-de-Lans, Isère, arr. Grenoble.

187 Arc (le Grand), entre Corrençon, Isère, arr. Grenoble, cant. Villard-de-Lans, et Château-Bernard, Isère, arr. Grenoble, cant. Monestier-de-Clermont.

188 Corp, Isère, arr. Grenoble, cant. Domène, comm. Saint-Martin-d'Uriage.

189 Corbel, Savoie, arr. Chambéry, cant. Les Echelles.

190 Corps, Isère, arr. Grenoble.

191 Le col d'Hurtière est entre la Salette-Fallavaux, Isère, arr. Grenoble, cant. Corps, et Entraigues, Isère, arr. Grenoble, cant. Valbonnais.

192 Orcières, Hautes-Alpes, arr. Embrun.

193 Ours (le pas de l'), entre les Infournas, Hautes-Alpes, arr. Gap, cant. Saint-Bonnet, et Molines-en-Champsaur, Hautes-Alpes, arr. Gap, cant. Saint-Bonnet.

194 Lunels (Les), Hautes-Alpes, arr., cant., comm. Gap.

195 Urtis, Basses-Alpes, arr. Sisteron, cant. Turriers; voir Urt, Basses-Pyrénées, arr. Bayonne, cant. Labastide-Clairence; Curbans, Basses-Alpes, arr. Sisteron, cant. La Motte-du-Caire.

196 Courbons, Basses-Alpes, arr., cant., comm. Digne; Archail, Basses-Alpes, arr. Digne, cant. La Javie.

197 Les Dourbes, Basses-Alpes, arr., cant. Digne.

198 Corbières, Basses-Alpes, arr. Forcalquier, cant. Manosque.

199 Larche, Basses-Alpes, arr. Barcelonnette, cant. Saint-Paul; Meyronnes, Basses-Alpes, arr. Barcelonnette, cant. Saint-Paul : la tête de la Courbe, de 2690ᵐ, est entre Saint-Paul et Meyronnes.

[200] Arvieux, Hautes-Alpes, arr. Briançon, cant. Aiguilles ; voir Arvieu, Aveyron, arr. Rodez, cant. Cassagnes-Bégonhès, et Arvieu, Tarn, arr. Albi, cant. Pampelonne, comm. Tanus.

[201] Corbioun (le mont) est sur le terroir de Thures, Italie, prov. Turin, circ. Suse ; Cesana Torinese, Italie, prov. Turin, circ. Suse. — Du mont Corbioun rapprocher Gorbio, Alpes-Maritimes, arr. Nice, cant. Menton, jadis dans le diocèse de Vintimille, à la limite de ce diocèse vers celui de Nice.

[202] Artigues, Var, arr. Brignoles, cant. Rians ; voir Artigues, Var, arr., cant., comm. Toulon. Luynes, Bouches-du-Rhône, arr., cant., comm. Aix ; Voir Luynes, Indre-et-Loire, arr., cant. Tours.

[203] Artigue (l'), Hautes-Pyrénées, arr., cant., comm. Bagnères-de-Bigorre ; Artigue, Haute-Garonne, arr. Saint-Gaudens, cant. Bagnères-de-Luchon ; Artigue, Gers, arr., cant., comm. Mirande ; Artigue-Cauhe, Hautes-Pyrénées, arr. Bagnères-de-Bigorre, cant. Saint-Laurent-de-Neste, comm. Bize ; Artiguedieu, Gers, arr., cant. Mirande ; Artigue-loutan, Basses-Pyrénées, arr., cant. Pau ; Artiguelouve, Basses-Pyrénées, arr. Pau, cant. Lescar ; Artiguemale, Gironde, arr. Bordeaux, cant., comm. Pessac ; Artiguemy, Hautes-Pyrénées, arr. Bagnères-de-Bigorre, cant. Lanemezan ; Artiguenave, Landes, arr., cant. Saint-Sever, comm. Eyres-Moncube ; Artiguevieille, Gironde, arr., cant. Bazas, comm. Cudos.

Artigues, Ariège, arr. Foix, cant. Quérigut ; Artigues, Ariège, arr. Foix, cant. Tarascon, comm. Saurat ; Artigues, Aude, arr. Limoux, cant. Axat ; Artigues, Aveyron, arr. Villefranche, cant. Montbazens, comm. Maleville ; Artigues, Aveyron, arr. Espalion, cant., comm. Saint-Chély-d'Aubrac ; Artigues, Aveyron, arr. Espalion, cant Entraygues, comm. Saint-Hippolyte ; Artigues, Corrèze, arr. Tulle, cant. Mercœur, comm. Sexcles ; Artigues, Corrèze, arr. Tulle, cant., comm. Saint-Privat ; les Artigues, Haute-Garonne, arr. Saint-Gaudens, cant. Salies, comm. Montespan ; Artigues, Gironde, arr. Bordeaux, cant. Carbon-Blanc ; les Artigues, Gironde, arr. Libourne, cant. Lussac ; Artigues, Gironde, arr. Bordeaux, cant. Podensac, comm. Landiras ; Artigues, Gironde, arr. Lesparre, cant., comm. Pauillac ; les Artigues, Gironde, arr. Lesparre, cant., comm. Saint-Vivien ; Artigues, Lot-et-Garonne, arr., cant. Agen, comm. Foulayronnes ; Artigues, Lot-et-Garonne, arr. Nérac, cant. Francescas, comm. Moncrabeau ; Artigues, Lot-et-Garonne, arr., cant. Agen, comm. Pont-du-Casse ; Artigues, Lot-et-Garonne, arr. Marmande, cant. Tonneins, comm. Varès ; Artigues, Lozère, arr., cant. Florac, comm. Saint-Laurens-de-Trèves ; Artigues, Hautes-Pyrénées, arr. Argelès-Gazost, cant. Lourdes.

Artiguillon, Gironde, arr., cant. Lesparre, comm. Saint-Germain-d'Esteuil.

Ortigues, Gironde, arr. Blaye, cant. Saint-Sever, comm. Cézac.

Artige, Vienne, arr. Montmorillon, cant., comm. Chauvigny ; Artige,

Vienne, arr. Montmorillon, cant. Lussac-le-Château, comm. Sillars; Artiges, Allier, arr., cant. Montluçon, comm. Teillet ; Artiges, Cantal, arr., cant., comm. Mauriac; Artiges, Cantal, arr. Murat, cant. Marcenat, comm. Saint-Bonnet; Artiges, Cantal, arr. Mauriac, cant. Pleaux, comm. Tourniac; Artiges, Haute-Loire, arr., cant. Brioude, comm. Saint-Just près-Brioude; Artiges, Puy-de-Dôme, arr. Clermont-Ferrand, cant., comm. Bourg-Lastic.

[204] Voir ci-dessus, p. 71.

[205] G. de Manteyer, Fouilles de Champerose, Gap, Jean et Peyrot, 1904 (Bull. de la Soc. d'Etudes, p. 105).

[206] Ibid., p. 107.

[207] Ibid., p. 133.

[208] Ibid., p. 103.

[209] Il se pourrait que Londres, London, de Londinium, en Angleterre, comme le London de l'Isère, réponde à un Lugodunon : en tout cas, personne ne contestera que la Tamise, Thames, rappelle la Temes du Banat.

[210] D'Arbois de Jubainville, Les premiers habitants de l'Europe, 2e éd., t. II, 1894, p. 151.

[211] G. de Manteyer, Le nom et les deux premières enceintes de Gap, Cap, 1905 (Bull. de la Société d'Etudes des Hautes-Alpes, pp. 312-314).

[212] Ibid., p. 175.

[213] Ibid., p. 176.

[214] Ibid., p. 183.

[215] Ibid., pp. 176-178.

[216] Ibid., p. 175.

[217] Ibid., p. 177 et n. 1.

[218] Ibid., p. 181.

[219] Ibid., p. 178.

[220] Ibid., p. 187.

[221] Ibid., p. 198.

[222] Ibid., p. 200.

[223] Ibid., p. 195.

[224] Ibid., p. 190 et n. 2.

[225] Ibid., p. 177, n. 1.

[226] Ibid., pp. 190 et 191.

[227] Giovanni Oberziner, Le guerre di Augusto contro i popoli Alpini, Roma, Loescher, 1900, p. 170; G. de Manteyer, Le nom de Cap (Ibid, p. 191, n. 1 : corriger, dans ce sens, la p. 200).

Manteyer, *Ibid.*, pp. 187-188.

C. Jullian, *Notes gallo-romaines* : I. Sainte-Victoire *Dea Victo-riæ, Andarta* (*Rev. des études anciennes*, t. I, 1899, pp. 47-50); *Espé-randieu, Inscriptiones Galliæ Narbonensis* (*Sylloge epigraphica*, vol. III, pars prima, p. 5°, n°° 576-580).

Tarbes, Hautes-Pyrénées ; *d'Arbois de Jubainville*, Les druides, p. 155.

Albon, Drôme, arr. Valence, cant. Saint-Vallier.

Bollène, Vaucluse, arr. Orange; la Bollène, Alpes-Maritimes, arr. Nice, cant. Saint-Martin-de-Vésubie; la Bolline, Alpes-Maritimes, arr. Puget-Théniers, cant. Saint-Sauveur, comm. Valdeblore; Volonne, Basses-Alpes, arr. Sisteron; Velanne, Isère, arr. La Tour-du-Pin, cant. Saint-Geoire; Saint-Jean-d'Avelanne, Isère, arr. La Tour-du-Pin, cant. Le Pont-de-Beauvoisin.

D'Arbois de Jubainville, Les Celtes, p. 51.

Albrand de Céüse, La fleur qui parle et la plante qui guérit, 2e éd., Paris, Amat, 1908, pp. 310-313.

Embrun, Hautes-Alpes.

Yverdon, Hierten, Suisse, cant. Vaud ; *d'Arbois de Jubainville*, Les Celtes, p. 111.

Ebréon, Charente, arr. Ruffec, cant. Aigre.

Brünn, Autriche-Hongrie, Moravie; *d'Arbois de Jubainville*, Les Celtes, pp. 21, 164.

D'Arbois de Jubainville, Les Celtes, pp. 51-52. Avrolles, Yonne, arr. Auxerre, cant. Saint-Florentin ; Bram, Aude, arr. Castelnaudary, cant. Fanjeaux.

Voir ci-dessus, pp. 69-70.

Voir ci-dessus, p. 71.

P. Regnaud, Eléments de grammaire comparée du grec et du latin, première partie, Paris, Colin, 1895, p. 65; *P. Regnaud*, Eléments de grammaire comparée des principaux idiomes germaniques, Paris, 1898, p. 146.

Ibid., p. 57.

C. de Manteyer, Le nom de Gap (*Bull. de la Soc. d'Etudes*, p. 174, n. 2). Chez les *Segusini*, Susa, Italie, prov. Turin; chez les *Segovii*, Séüse, Hautes-Alpes, arr. Gap, cant. Gap, comm. Manteyer, Pelleautier, Sigoyer, Châteauneuf-d'Oze ; chez les *Vocontii*, Suze, Drôme, arr. Die, cant. Crest; chez les *Tricastini*, Suze-la-Rousse, Drôme, arr. Montélimar, cant. Saint-Paul; au diocèse de Vaison, Suzette, Vaucluse, arr. Orange, cant. Beaumes.

[245] *G. de Manteyer, Le nom et les deux premières enceintes de Gap* (*Bull. de la Soc. d'Etudes*, p. 174).

[246] *G. de Manteyer, Le nom de Cap* (*Bull. de la Soc. d'Etudes*, pp. 163-164).

[247] *Ibid.*, p. 166. Le culte de l'ourse n'était pas éloigné du culte des eaux et il a pu être identifié quelquefois avec celui-ci : Die est sur la Meyrosse, la source de l'Argens est voisine du lieu dit Meyronne, Larche est sur Meyronnes, l'Orco, l'Arve, l'Arc, l'Argens, l'Artuby sont eux-mêmes des cours d'eau. Langres, jadis *Andematonnon*, est à la source de la Marne, *Matrona*. Quant au corbeau, lorsque son culte est, par exception, lié avec un cours d'eau, celui-ci n'est plus une Mayre, mais bien un Payre : Lemps sur Payre, chez les *Helvii*, en est la preuve convaincante. En Germanie, Paderborn, *Patra borna*, peut être un cours d'eau analogue au Payre des *Helvii*. La *Matra* d'Alsace est devenue la Moder, affluent du Rhin, à l'aval de Haguenau. Le culte des sources ou *Matræ* était répandu, non seulement dans le sud de la France, mais en Espagne, en Italie, en Germanie et en Angleterre (*Holder*, t. II, col. 463-467); de même, celui des *Matronæ* en Ligurie, en Cisalpine et dans la Germanie Inférieure (*Ibid.*, t. II, col. 470-473) : celui de l'Ourse, lié avec lui, ne l'était pas moins.